# ДЕРЕК ПРИНС

# БОГ - АВТОР
# брачных союзов

2016

GOD IS A MATCHMAKER
Derek Prince

Derek Prince Ministries – International
P.O.Box 19501
Charlotte, NC 28219-9501
USA

## БОГ - АВТОР БРАЧНЫХ СОЮЗОВ
Дерек Принс

Издано Служением Дерека Принса в Украине

ДПМ-Украина
а/я 50
Светловодск
Кировоградская  обл.
27500

KievStar      +38-097-772-64-82
BeeLine       +38-068-86-59-559
Life          +38-093-027-89-39
MTC (UMC)   +38-066-286-49-26

derek.prince@meta.ua
vladchazov@ya.ru

Посетите наш сайт в интернете:
*DerekPrinceUkraine.com*

ISBN 978-1-78263-480-5

DEREK
PRINCE
MINISTRIES
UKRAINE-CENTER

# ВВЕДЕНИЕ

Мне лучше рассказать об этой книге, объяснив, чем она не является.

Прежде всего, это не чистая теория или чистая теология. Эта книга не занимается раскрытием абстрактных истин. Наоборот, она непосредственно и твердо укоренена в реальной жизни, в том, что пережил я сам.

В течение уже более сорока лет, именно таким способом я делал наиболее важные открытия в духовной жизни. Они никогда не приходили ко мне, когда я сидел за письменным столом, размышляя над абстракциями. Наиболее часто они приходили и подтверждались через ситуации, которые создавались в моей жизни. И только позже, когда я размышлял над этими ситуациями в свете Божьего Слова, я начинал различать стоящие за ними духовные принципы, которым Бог учил меня.

Во 2-й и 3-й главах этой книги я рассказываю, как Бог привел меня к браку сначала с Лидией, а затем с Руфью. В каждом из этих случаев путь, которым Бог вел меня, полностью совпадал с классическим Библейским образцом для вступления в брак.

В первый раз я не понял на самом деле, что Бог сделал. Когда эта схема повторилась в моем втором браке, я осознал, что в каждом случае Бог следовал той же схеме, которую Он Сам утвердил в начале творения человека, образцу, который Он установил как неизменный, до самого конца человеческой истории. Именно этот Божественный образец для вступления в брак является центральной темой этой книги.

Мне также необходимо объяснить, что целью этой книги не является изложить план для семейной жизни или построения семьи. Существует ряд доступных книг на эту тему сегодня. Моя цель заключается в рассмотрении шагов, которые ведут к успешному браку. Мужчина и женщина, которые ищут Божьего водительства только после того, как они обменялись обещаниями в церкви, подобны человеку, который построил свой дом на песке. И слишком часто такой брак не выдерживает испытаний и давления, которым он почти неизбежно подвергнется.

Эта книга поможет вам ответить на некоторые из наиболее важных вопросов, с которыми вы столкнетесь в жизни. Откуда я знаю, что брак — Божья воля для меня? Если это Божья воля, как я могу подготовиться к браку? И как я могу найти спутника, которого Бог предназначил для меня?

В восьмой главе Руфь предлагает особые советы женщинам, как подготовиться к браку. А в последней главе Руфь делится глубоко личными деталями своих приготовлений к тому, чтобы стать моей женой.

Девятая глава предлагает особые советы родителям, которые помогут им провести своих детей через эту трудную и опасную фазу жизни, когда они будут сталкиваться с эмоциональными и духовными проблемами в выборе спутника.

Эта же глава обогатит конструктивным материалом пасторов, увещевателей, учителей, молодежных служителей и других Божьих служителей, которые стремятся ввести Его народ в наполненную и плодотворную жизнь. Не существует другой области, где здравое Библейское наставление было бы необходимо больше, чем в области применения Божьих истин для семьи и брака при современном образе жизни.

Главы 10-я и 11-я, предлагают столь необходимую помощь тем многим миллионам, кто столкнулся с очень специфическими проблемами в области брака, — тем, кто прошел через агонию развода, и тем, кому предопределено провести жизнь неженатым.

Есть еще одна категория людей, к которым, возможно, обращена эта книга, — те, которым нравится реальная любовная история с закрученной интригой! Мы с Руфью надеемся, что вам понравится эта часть нашей истории.

Да благословит вас Господь!

Дерек Принс,
Иерусалим

# МОЯ ШКОЛА ЖИЗНИ

## 1. ГОЛОСА ЖЕНИХА И НЕВЕСТЫ

*И создал Господь Бог из ребра, взятого у человека, жену, и привел ее к человеку. (Бытие 2:22)*

Бог впервые появился на сцене истории человечества в роли создателя браков. Какое глубокое и прекрасное откровение!

Будет ли преувеличением предположить, что Ева пришла к Адаму, опираясь на руку Самого Господа, так же, как сегодня невеста идет по проходу церкви, опираясь на руку своего отца? Какой человеческий ум может представить глубину любви и радости, наполняющих сердце великого Творца, когда Он соединил мужчину и женщину в этой первой церемонии бракосочетания?

Несомненно, эта история является одним из бесчисленных свидетельств, что Библия — не просто книга, написанная людьми. Авторство повествования о творении обычно приписывается Моисею. Но без сверхъестественного вдохновения он никогда не осмелился бы открыть историю человечества сценой такой удивительной близости между Богом и человеком, а затем между мужчиной и женщиной.

Картина, которую изображает здесь Моисей по вдохновению от Бога, коренным образом отличается от религиозного искусства, которое мы привыкли связывать с церквями и соборами. Я вообще сомневаюсь, могла ли бы картина Моисея найти себе место на их стенах или в их витражах.

История человечества не только начинается с брака. Она также и завершится браком. Апостол Иоанн на Патмосе описал эту сцену для нас в Откровении 19:6-9:

*И слышал я как-бы голос многочисленного народа, как-бы шум вод многих, как-бы голос громов сильных, говорящих: аллилуия! ибо воцарился Господь Бог Вседержитель. Возрадуемся и возвеселимся и воздадим Ему славу; ибо наступил брак Агнца, и жена Его приготовила себя. И дано было ей облечься в виссон чистый и светлый; виссон же есть праведность святых. И сказал мне Ангел: напиши: блаженны званные на брачную вечерю Агнца.*

Зрелище, которое Иоанн представляет нашему взору, полно триумфа, хвалы и поклонения, празднования и блеска, неудержимой радости. Самое замечательное, что Сам Всемогущий Бог, Творец и Владыка вселенной, председательствует на церемонии бракосочетания Своего Сына. По мере ее развития, небеса и земля сливаются вместе в симфонии хвалы и поклонения, какой вселенная никогда раньше не слышала.

Библия не пытается описать чувства небесных Жениха и Его Невесты. Ни один человеческий язык не содержит необходимых слов для этого. Это область святой тайны, оставленная для Самого Господа и для тех, кто усердной подготовкой приготовили себя.

От Бытия до Откровения, от первой сцены в Эдеме до последней сцены в небесах, центральной темой истории человечества является брак. И на всем протяжении развития истории человечества Сам Бог не остается просто праздным наблюдателем. Именно Он начинает действие, и в Нем оно достигает завершения. С начала до конца. Он вовлечен лично и вовлечен полностью.

Когда Иисус пришел на землю, чтобы явить Бога человеку, Его отношение к браку совершенным образом сочеталось с отношением Отца. Так же как Отец открыл историю человечества брачной церемонией, Иисус открыл Свое публичное служение на брачной церемонии в Кане. Когда в разгар праздника закончилось вино, Мария обратилась к Иисусу за помощью. Он ответил тем, что превратил около 550 литров воды в вино.

И к тому же не в обыкновенное вино, потому что распорядитель пира, попробовав его, отозвал жениха в сторону и сказал:

> *...всякий человек подает сперва хорошее вино, а когда напьются, тогда худшее; а ты хорошее вино сберег доселе. (Иоанна 2:10)*

Что подтолкнуло Иисуса совершить Его первое чудо в такой обстановке? Какую важную истину Он подчеркнул этим? Ответ прост: Он показал, что не был равнодушен к успеху свадьбы. Если бы вино закончилось, жених и невеста были бы публично унижены, и свадьба закончилась бы печалью. Чтобы предотвратить такое развитие событий, Иисус совершил первое высвобождение Своей чудотворной силы на земле.

Более того, Иисус совершил это чудо так, чтобы никто из гостей не знал, что произошло. Он не привлекал к Себе никакого внимания. Он продемонстрировал, что в любом браке должен быть только один центр внимания — жених и невеста. И хотя чудо сотворил Иисус, публичное признание, в действительности, получил жених.

В Своем последующем публичном служении учителя Иисус полно изложил план для брака, установленный Отцом при сотворении. Он отверг стандарт брака, принятый в Его дни. Когда фарисеи задали Ему вопрос о разводе, Он ответил:

*…не читали ли вы, что Сотворивший в начале мужчину и женщину сотворил их? И сказал: посему оставит человек отца и мать и прилепится к жене своей, и будут два одною плотью, так что они уже не двое, но одна плоть. Итак, что Бог сочетал, того человек да не разлучает. (Матфея 19:4-6)*

В еврейском Ветхом Завете название книги, которую мы называем Бытием, происходит от первых слов этой книги: «В начале». Отвечая фарисеям этой фразой, Иисус преднамеренно направил их к книге Бытие и, в частности, к тому, как Бог соединил Адама и Еву. Иными словами, Иисус подтвердил план брака, установленный в книге Бытие Отцом, как действующий в Его дни и как единственный установленный Богом стандарт для брака. Он отказался подтвердить Своей властью более низкий стандарт.

Фарисеи спросили, ссылаясь на установление в законе Моисеевом, которое пришло позже и позволяло разводиться по некоторым другим причинам, кроме неверности в браке. На это Иисус ответил:

*…Моисей, по жестокосердию вашему, позволил вам разводиться с женами вашими; а сначала не было так… (Матфея 19:8)*

И опять Иисус направил их к началу, т.е. к образцу, установленному в начале Бытия. Он подтверждал только такой стандарт. Любое отклонение от него было бы не волей Отца, а просто снисхождением к жестокосердию невозрожденного человека. Этот разговор Иисуса с фарисеями и сегодня несет для нас, христиан, важные указания. Божественный стандарт для брака, имеющий и сегодня силу, — это все еще тот, который был установлен Богом при сотворении. Любое снижение этого стандарта является просто снисхождением к жестокосердию невозрожденного человека.

Рожденные свыше от Божьего Духа христиане являются «новым творением», они больше не подвержены диктату своей старой, невозрожденной природы. Поэтому для христиан сегодня Божьим стандартом брака является тот, который был установлен Богом при сотворении и подтвержден Иисусом на протяжении всего Его служения.

В частности, рассказ в книге Бытие являет четыре жизненно важные истины о браке, которые применимы к нам и сегодня.

Во-первых, брак был задуман Богом. Адам не участвовал в обсуждении этого. Он не придумывал этот план для своей жизни и даже не просил о таком обеспечении. Именно Бог, а не Адам, решил, что Адаму нужна жена. Адам не осознавал своей собственной нужды в браке.

Во-вторых, именно Бог создал Еву для Адама. Только Он знал, в каком спутнике жизни нуждался Адам.

В-третьих, именно Бог привел Еву к Адаму. Адаму не пришлось идти искать ее.

И в-четвертых, именно Бог определил, как Адам и Ева должны были относиться друг к другу — Конечной целью их взаимоотношений было совершенное единство:

> *Потому оставит человек отца своего и мать свою, и прилепится к жене своей; и будут одна плоть. (Бытие 2:24)*

Как указывал Иисус, Божий стандарт брака остается неизменным и сегодня. Четыре указанные выше истины все еще применимы и к нашей жизни.

Что следует из этого в практическом отношении?

1. Христианину следует вступать в брак основываясь только на Божьем решении, а не потому, что это он или она так решили.

2. Христианину следует верить, что Бог выберет и подготовит для него спутника жизни, который ему нужен. С другой стороны, христианке следует верить, что Бог приготовит ее для мужа, которого Он предназначил ей.

3. Христианин, ходящий в Божьей воле, встретит ту спутницу, которую Бог приведет к нему и которую Он выбрал и приготовил для него. С другой стороны, христианка, ходящая в Божьей воле, позволит Богу привести ее к мужу, для которого Он ее готовил.

4. Окончательная цель для брака сегодня та же, что была для Адама и Евы, — совершенное единство! Однако только те, кто выполнят первые три требования, могут ожидать наслаждения от достижения этой конечной цели.

Некоторые, возможно, почувствуют искушение отставить эти принципы как старомодные или «супердуховные». Однако ценности и стандарты Царства Божия не нуждаются в пересмотре и не теряют своей силы. Для тех, кто истинно следует за Иисусом, требования точно такие, как и во дни Иисуса. Но, благодарение Богу, такое же и вознаграждение!

Для меня эти принципы не просто абстрактная теория. В обоих моих браках они четко работали, о чем я поведаю в последующих двух главах. В каждом из случаев решение жениться первоначально исходило от Бога, а не от меня. Я на самом деле не стремился жениться. В каждом случае Бог выбрал жену для меня, подготовил ее для меня и привел ее ко мне. Но самое важное из всего этого то, что каждый из моих браков произвел такую степень единства, которой наслаждаются сегодня очень немногие пары.

Все это явилось не результатом моего следования какой-то сложной теологической теории о том, как мужчина должен вступить в брак. Напротив, это было достигнуто через суверенное водительство и работу Святого Духа в моей жизни. Во многих случаях я даже не понимал, что в тот момент в моей жизни действовал Святой Дух. Но потом, размышляя над ходом моей жизни в свете Писания, я видел как в каждом из моих браков Бог действовал в точном соответствии с образцом, который Он Сам установил "Вначале». Я излагаю эти принципы сейчас, потому что я знаю — они работают. Мне трудно пожелать моим братьям-верующим большего счастья, чем то, какое эти принципы принесли мне.

Этот краткий анализ Библейского стандарта брака резко контрастирует со стандартами сегодняшнего мира и даже со стандартами, которые приняты сегодня во многих частях Церкви. Обычно, преобладающее отношение к браку в определенной культуре или цивилизации является барометром, точно определяющим моральный и духовный климат в обществе. Упадок культуры отмечается упадком в ее отношении к браку. И, наоборот, подъем культуры отличается соответствующим обновлением библейских ценностей о браке.

В Библии существует много мест, описывающих, как влияют на брак времена упадка и времена восстановления. В Иеремии 25:10-11 Бог предупреждает народ Иудеи об опустошении, которое принесет им надвигающееся вторжение:

*И прекращу у них голос радости и голос веселия, голос жениха и голос невесты, звук жерновов и свет светильника. И вся земля эта будет пустынею...*

Апостол Иоанн изображает похожую картину разрушения антихристианской системы, известной как «Вавилон великий», в последние времена:

*...и голоса играющих на гуслях и поющих, и играющих на свирелях и трубящих трубами в тебе уже не слышно будет; не будет уже в тебе никакого художника, никакого художества, и шума от жерновов не слышно уже будет в тебе; и свет светильника уже не появится в тебе; и голоса жениха и невесты не будет уже слышно в тебе...* (Откровение 18:22-23)

В этих описаниях упадка и опустошения выделяется центральная черта — умолкание голосов жениха и невесты. Культура, которая не помещает радостное празднование брака в центре ее образа жизни, либо уже обречена, либо на пути к этому.

Так же верно и обратное. Восстановление культуры будет отмечено восстановлением брака, как источника радости и повода для празднества. В Иеремии 33:10-11 Бог обещает восстановление Иуды и Израиля в конце времен:

*Так говорит Господь: на этом месте, о котором вы говорите: «оно пусто, без людей и без скота», — в городах Иудейских и на улицах Иерусалима, которые пусты, без людей, без жителей, без скота, — опять будет слышен голос радости и голос веселья, голос жениха и голос невесты, голос говорящих: «славьте Господа Саваофа, ибо благ Господь, ибо вовек милость Его», и голос приносящих жертву благодарения в доме Господнем; ибо Я возвращу плененных сей земли в прежнее состояние, говорит Господь.*

И опять в этой картине, — как в опустошении, так и в восстановлении, — жених и невеста будут в центре. По стандартам Писания восстановление народа является неполным, если о нем не возвещают «голоса жениха и невесты».

Библейское основание брака могут подрывать различные силы. Например, мирской гуманизм представляет брак в виде какого-то социального контракта, в котором стороны договариваются об условиях и могут диктовать свои требования, изменять или аннулировать их, руководствуясь своими чувствами. Люди, которые подходят к браку на таком основании, никогда не испытают ни физической, ни духовной наполненности, которую Библия обещает тем, кто последует образцу, данному в ней.

Однако, с другой стороны, формальная религия без Божьей благодати может иметь почти такое же вредное воздействие на брак.

И влюбленность, и страсть являются неотъемлемыми частями брака, как это показано в Библии. И то, и другое живо и красиво изображено в Книге Песня Песней. Брак, которому не хватает того или другого, по Библейским стандартам является убогим. Влюбленность без страсти заканчивается разочарованием. Страсть без влюбленности немного больше легко завуалированной похоти.

Многие века церкви часто не удавалось представить Библейскую картину брака, всеобъемлющего каждую область человеческой личности — духовную, эмоциональную и физическую. Секс рассматривался как несчастная необходимость, почти как уклонение от Творца, требующее извинения. Конечно, такой взгляд не принадлежит Самому Творцу. Бог сотворил мужчину и женщину сексуальными существами, и затем, после тщательной проверки, произнес, что все «хорошо весьма», включая их сексуальность.

Сегодня по всему миру Бог посещает и обновляет Свою Церковь Святым Духом. И как это всегда было с Божественным обновлением, оно должно возвещаться «голосами жениха и невесты». Церковь не сможет испытать полное или существенное обновление, если она вновь не постигнет и не утвердит библейский образец брака. Это должно включать в себя не только обряд бракосочетания, но и последующую жизнь. Это должно начинаться там, где брак всегда начинается — с шагов, ведущих к бракосочетанию.

Этот принцип применим почти ко всем формам человеческой деятельности. Процесс подготовки обычно является обязательным фактором для успешного результата. Пара, которая решит, например, строить дом, должна пройти через месяцы подготовки до того, как получит ключ и войдет в двери. Муж с женой должны выбрать место, нанять архитектора, подрядчика, обсудить альтернативные планы и принять множество решений в отношении деталей стиля и обстановки. Пара, которая не интересуется своим домом до дня, когда получает ключ, обречена на огромное разочарование после того, как начнет жить в нем.

Если это истинно в отношении дома, построенного из кирпича, камней и дерева, насколько больше этот принцип применим к дому, построенному из живых камней, нас, созданий несоизмеримо более сложных, но с ограниченным потенциалом?

Нет, успешный брак начинается не с церемонии бракосочетания. Его основания закладываются гораздо раньше — сначала во время тщательной подготовки характера, а затем в соответствии с Божьим выбором мужчины и женщины, которых Бог предназначил друг для друга.

Пара, которая вступает в брак неподготовленной, или когда партнеры не подходят друг другу, обречена в лучшем случае на бесконечное разочарование и более часто, на полную неудачу. С другой стороны, христианин и христианка, позволившие Святому Духу формировать их и вести себя по Библейскому пути, могут с уверенностью ожидать семейную жизнь, исполненную обоюдного наслаждения.

# 2. ЛИДИЯ

В самом начале истории человечества Бог установил принцип:

*...не хорошо быть человеку одному; сотворим ему помощника, соответственного ему.* (*Бытие 2:18*)

Человек не является самодостаточным. Каждый человек нуждается в других. Для удовлетворения этой нужды, Бог установил брак и обеспечил Адама женой. Брак — самая близкая и интимная форма партнерства между людьми. Настолько близкая, что двое, на самом деле, становятся одним.

В Ефесянам 5-й главе Павел называет брак «тайной». В Песне Песней Соломон сравнивает его с «запертым садом». Ни одна академическая дисциплина, такая как психология или теология, не может раскрыть тайну и открыть «запертый сад». Ключ находится только у Бога. Он дает его в руку тех, кто следует за Ним по стезе веры и послушания.

Неженатый человек может получить самое лучшее увещевание; он может прочитать все рекомендуемые книги; может свободно общаться с женатыми парами и может заниматься сексом вне брака. Но все равно он остается снаружи. Существует таинство брака, которое невозможно объяснить. Его можно только испытать.

По этой причине я хотел бы поделиться очень личным для меня — историей моего брака с Лидией. Бог суверенно и сверхъестественно вел меня к партнеру, выбранному Им, и сделав это, вложил мне в руку ключ, который раскрыл тайну. Кто-то сказал, что лучшая школа в мире — это школа жизни, но это также и самая дорогая школа!

В 1940 году после многих лет учебы я прочно

занял место профессора философии в Кембриджском университете. Затем, я был безжалостно оторван от моего академического прошлого и брошен в водоворот Второй мировой войны.

Будучи призван в британскую армию в качестве обслуживающего персонала в госпитале, я взял с собой Библию, которую я собирался изучать как «философский труд». Я абсолютно не принимал во внимание какие-либо теории Божественного вдохновения.

Девять месяцев спустя, ночью, в казарме, я пережил личную встречу с Иисусом Христом. На следующей неделе в той же комнате я испытал то, что, насколько я понимал, было сверхъестественным исполнением Святым Духом. Раньше чем я мог проанализировать, что происходит, я услышал, как слоги какого-то странного языка слетают с моих уст. Это звучало, как восточный язык, — что-то вроде китайского или японского. Хотя у меня не было представления, что я говорил, я почему-то знал, что я непосредственно общался с Богом. Внутри я испытывал чудесное чувство освобождения от страхов и напряжения, о которых я раньше и не подозревал. И вдруг я понял, что переступил порог совершенно нового мира.

На следующую ночь, когда я лежал на моем соломенном матраце, армейском аналоге постели, я опять начал издавать странные звуки незнакомого языка. На этот раз я был поражен их ритмом, который был похож на поэтический. После того, как они прекратились, была короткая пауза, и затем я начал опять говорить по-английски. Но я не выбирал слова, которые, как я заметил, повторяли ритм слов незнакомого языка. Казалось, я обращался к себе, во втором лице, но слова исходили не от меня. С трепетом я осознал, что Бог использовал мои уста для того, чтобы обращаться ко мне.

Прекрасным поэтическим языком Господь обрисовал картину того, что лежало передо мной по Его предназначению. Эта картина содержала сцены и образы, которые никогда не могли бы прийти из моего воображения. Моя память не смогла всех их удержать, однако то, что осталось, неизгладимо запечатлелось в моем уме. «Это будет подобно маленькому ручейку. Маленький ручеек станет речкой; речка станет большой рекой; большая река станет морем, и море станет могучим океаном...» Каким-то образом я знал, что эти слова заключали в себе ключ к Божьему предназначению для моей жизни.

В последующие дни, когда я размышлял над этими переживаниями и думал, что будет дальше, в моем уме запечатлелось название. Это было «Палестина», в то время так называлась область на Ближнем Востоке, которая сейчас разделена между Израилем, Палестинской Автономией и Иорданией. Я не понимал всего, что Бог говорил о Своем плане для моей жизни, но у меня было сильное постоянное впечатление, что каким-то образом он был связан с землей и народом Палестины.

Через несколько недель мое соединение было отправлено через море на Ближний Восток. Я подумывал, что местом нашего назначения может оказаться Палестина. Но вместо этого я провел следующие три года в пустынях Египта, Ливии и Судана. Я обнаружил, что окружен бесплодием, — и естественным, и духовным. Моим единственным и неизменным источником силы была моя Библия, которую я прочитал несколько раз. Но несмотря на окружающее бесплодие, я чувствовал, что Бог начинал выполнять Свой план для моей жизни, и что это будет каким-то образом связано с Палестиной.

В Судане я встретил солдата-христианина, который провел некоторое время в Палестине. Когда мы разговаривали, он сказал: «Если ты хочешь настоящего благословения, в Палестине, чуть севернее Иерусалима, есть маленький детский приют, который тебе нужно посетить. Им руководит одна датчанка. Солдаты ездят туда со всего Ближнего Востока, и Бог встречается там с ними чудесным образом».

Я нашел странным, что солдатам приходится ездить за благословением в детский приют, но зафиксировал эту информацию в уме. Упоминание Палестины затронуло что-то внутри меня. Кроме того, я устал от пустынь и жаждал переменить обстановку.

Затем, однажды, довольно неожиданно я узнал, что меня переводят в Палестину. Месяц спустя я очутился на маленьком складе медицинского оборудования и медикаментов в Кириат-Моцкин, немного севернее Хайфы. У меня был минимум обязанностей и много времени для молитвы.

При первой же возможности я посетил детский приют и быстро понял, почему солдаты направлялись туда из многих мест. Атмосфера была пронизана невидимым присутствием, которое оседало подобно росе на мужчинах, уставших от напряжения и монотонности войны в пустыне. Я почувствовал, что мой дух омывается от пыли трех лет бесплодной пустыни.

Женщина, руководящая приютом, представилась как Лидия Кристенсен и тепло приняла меня. Она была типичной скандинавкой — голубоглазой блондинкой. За чашкой кофе она кратко рассказала, как приехала в Иерусалим из Дании шестнадцать лет тому назад и начала с того, что приютила еврейского ребенка, умиравшего в подвале. После такого «скромного» начала ее семья разрослась, пополнившись детьми разных национальностей.

«Я никогда не искала детей, — сказала мне Лидия — Я только брала тех, о которых я знала, что мне их послал Господь».

В свою очередь я стал рассказывать ей, как Господь явил Себя мне в казарме и исполнил меня Святым Духом. Затем я описал последующие три года в пустыне с Библией, как единственным источником силы и направления.

«У меня нет полной ясности в отношении будущего, — подвел я итог, — но я чувствую, что у Бога есть план для моей жизни, и что он связан некоторым образом с Палестиной».

Лидия предложила, чтобы мы помолились об этом. Я уже долго жаждал этого и согласился мгновенно. К моему удивлению Лидия позвала некоторых из девочек присоединиться к нашей молитве. Четыре или пять из них быстро прибежали в комнату и заняли свои места. Лидия сказала несколько слов на арабском, объясняя, вероятно, о чем мы собирались молиться. Затем каждая девочка стала на колени перед своим стулом. Лидия и я тоже опустились на колени.

Когда мы начали молиться, я почувствовал, что у меня происходит встреча с Богом. Затем я услышал, как девочка рядом со мной запела чисто и мелодично. Сперва я подумал, что слова были арабскими, но затем я понял, что это был другой язык. Через некоторое время другие девочки присоединились к ней и тоже на иных языках. Я почувствовал, что мой дух поднимается на этой волне сверхъестественного поклонения на новый уровень общения с Господом. И хотя я не понимал, о чем мы молились, я знал, что все мое будущее было в крепких руках Божьих.

Возвратившись на медицинский склад, я обнаружил, что мысленно я часто возвращаюсь в маленький дом в Рамалле. Где-то в уме я все еще мог слышать чистые детские голоса, возносящиеся в поклонении. Я решил регулярно молиться о Лидии. За несколько часов, проведенных в ее доме, я осознал, сколько бремен ей приходилось нести без какой-либо посторонней помощи, не считая арабской служанки. Кроме того, откуда она брала деньги, чтобы кормить и одевать всех детей? Она упоминала, что не была прислана какой-либо миссионерской организацией.

Однажды, когда я был один среди тюков с медикаментами, я почувствовал особую потребность молиться о Лидии. Я молился некоторое время на английском, затем в дело вступил Святой Дух и дал мне чистое и сильное изречение, опять на незнакомом языке. После короткой паузы последовало истолкование на английском. Опять, как и в первую ночь, Бог говорил мне моими устами: «Я соединил вас вместе под одним ярмом и в одной упряжке...»

Были и другие слова, но эти захватили меня. Что они значили? Так как я молился о Лидии, они должно быть, относились к ней. Соединил ли нас Бог вместе? Если да, то как и для какой цели?

Спустя несколько месяцев меня перевели еще раз. На этот раз в большой госпиталь в лечебницу Августы Виктории на Елеонской горе на восток от Иерусалима. Оттуда можно было легко добраться автобусом до Рамаллы. Мои визиты в детский приют стали частыми и мое общение с Лидией и с детьми стало более глубоким.

До моего увольнения из армии оставалось немногим более года. Я все более и более убеждался, что Бог побуждал меня получить увольнение в Палестине и затем остаться здесь, чтобы посвятить себя Ему на служение. Но на какое служение и с кем?

В Иерусалиме было две активных полноевангельских церкви. Я познакомился с лидерами обеих церквей. Должен ли я предложить свои услуги одному из них? Затем, конечно, был еще детский приют в Рамалле. Там я наслаждался близкой дружбой. Но какую роль я буду играть в детском приюте?

Кроме того, стоял вопрос финансового обеспечения. В Британии до того, как я встретил Господа, я даже не ходил в церковь, не говоря уже о том, чтобы быть служителем. Я был незнаком там с христианами. Что заставит их поддерживать меня?

У меня был друг-христианин, которого звали Джефри, он работал в медицинском соединении в Иерусалиме. Именно его помощи в молитве я и попросил. Я знал, что Джефри чуток к голосу Господа. Кроме того, он был знаком с обеими полноевангельскими церквями и с детским приютом. «Мне нужно знать, чему Господь желает, чтобы я посвятил себя», — сказал я ему.

Сам Джефри близко сотрудничал с одной из этих полноевангельских церквей и я считал, что там место и для меня. Он согласился молиться со мной и, помолившись за каждую из этих церквей, начал молиться о Лидии и детском приюте.

«Господь — сказал он, — Ты показал мне, что этот маленький дом будет, как маленький ручеек, и маленький ручеек станет речкой, речка станет большой рекой, а большая река станет мо- рем...»

Я не слышал после этого ни слова из того, о чем Джефри молился! Я был переполнен возбуждением и, в то же время, благоговением. Джефри повторил слово в слово то, что Бог сказал мне о моем будущем в ту ночь в казарме в Британии, но он применил эти слова по отношению к Лидии и детскому приюту. За годы, прошедшие между этими двумя событиями, я ни одной душе не рассказывал об этих словах. Только Бог мог дать их Джефри. «Спасибо», — сказал я Джефри, когда он закончил молиться. — Я верю, я знаю, что Бог желает, чтобы я предпринял». Но я не сказал ему, откуда я знал это!

У меня было много пищи для размышлений. Еще в Британии Бог говорил о моем будущем и дал мне образ маленького ручейка, который постоянно расширяется. Затем, когда я молился о Лидии на складе в Кириат-Моцкин, Бог сказал, что Он «соединил нас вместе под одним ярмом и в одной упряжке». Теперь я обнаружил, что Бог дал Джефри в отношении Лидии и детского приюта ту же картину расширяющегося ручейка, которую Он дал и мне.

Я раздумывал о двух связанных выражениях, которые Бог использовал в Кириат-Моцкин: «под одним ярмом и в одной упряжке». Упряжка означает двух животных, работающих вместе в близких отношениях. А что насчет ярма? Я вдруг понял, что этот образ постоянно используется в Библии в отношении двух человек, объединенных в браке. Может быть, Бог имел в виду это?

Я начал останавливаться на различиях и трудностях. Лидия была из культурной среды, весьма отличной от моей. Кроме того, у нее был сильный характер прирожденного лидера: побеждая бесконечные трудности она построила дело, снискавшее ей уважение христианского сообщества. Она привыкла сражаться в своих битвах сама. Пожелает ли она отдать главенство в доме мужчине, который гораздо моложе и менее опытен, чем она? Будет ли это даже просто практичным для нее?

Затем, существовала разница в возрасте. Мне было тридцать с небольшим, в то время как Лидия, удивительно живой и активный человек, была среднего возраста. Брак между двумя людьми с такой разницей в возрасте неизбежно столкнется с огромными неудобствами.

Также я должен был подумать над моим прошлым. Я был единственным ребенком в семье. Мое образование было полностью интеллектуальным. И хотя я мог выстраивать философские теории о человечестве, я знал очень мало об отношениях с реальными людьми. Смогу ли я стать отцом семьи девочек, чье национальное и культурное происхождение полностью отличалось от моего? Стоило ли вообще навязывать себя как отца этим девочкам?

Все это было негативной стороной. Положительное могло быть суммировано одним коротким предложением: Бог сказал! Ясно и сверхъестественно Он явил Свой план, прежде всего, мне самому. Затем, Он подтвердил его так же ясно и так же сверхъестественно через другого христианина. Это не было ответом на мои молитвы и даже ответом на мои желания. Все это откровение проистекало только из суверенной Божьей воли. Если бы я отверг так ясно явленную волю Божию, как я мог ожидать Его благословений в будущем?

Я разрывался между воодушевлением и страхом: воодушевлением при мысли о том, что у Бога есть такой четкий план для моей жизни; страхом, что задание, стоящее передо мной, может оказаться слишком трудным. В конце концов я понял, что я не мог все продумать заранее. Бог просил меня посвятить себя, доверившись явленному Им плану, и затем позволить Ему сделать для меня то, что я не мог сам сделать для себя.

Наконец, я подошел к моменту посвящения. Я принимал Божий план для моей жизни, насколько я понимал его. В том, что я еще не понимал, я доверял Богу, что Он откроет в Его время так, как Он пожелает.

С этого момента мои взаимоотношения с Лидией прогрессивно изменялись. Наше общение было уже близким и обогащающим нас обоих. Теперь оно приобрело новую теплоту и близость, которые увеличивались каждый раз, когда я посещал приют. Также я начал чувствовать что-то вроде отеческого участия по отношению к детям, которого я не замечал раньше. В конце концов я должен был признаться: я был влюблен — влюблен в Лидию и в ее восьмерых детей.

Через несколько месяцев мне уже казалось естественным предложить Лидии выйти за меня замуж, и так же естественным для нее было сказать «да».

В начале 1946 года мы поженились, за месяц до того, как я получил увольнение из армии. Позже в том же году мы переехали из дома в Рамалле в Иерусалим, где мы были захвачены бурным водоворотом событий, которые оказались родовыми муками рождения государства Израиль. Наши жизни часто подвергались опасности. Мы вынуждены были переезжать четыре раза, и из них два раза ночью. Нас окружали война и голод. Но Бог защищал и обеспечивал нас способами, которые не переставали удивлять нас. То, что мы пережили эти события как одна семья, связало нас вместе узами, которые были крепче, чем во многих семьях, узами, которые сохраняются между нами и сегодня.

Из Иерусалима мы переехали в Лондон, где я восемь лет служил пастором в церкви. К концу этого периода старшие девочки выросли и оставили дом. Мы с Лидией вместе с двумя младшими дочерями переехали в Кению, где я в течение пяти лет работал директором колледжа подготовки учителей для африканцев. Потом наши девочки оставили нас и уехали из Кении продолжать карьеру и затем вышли замуж. Также там мы удочерили Джессику, шестимесячную африканку, которая стала нашей девятой дочерью.

В 1962 году Лидия, Джессика и я переехали в Северную Америку, сначала в Канаду, а затем в Соединенные Штаты, где мы и поселились. Там Бог открыл нам двери служения во всех частях этой страны, а затем во многих других странах.

Наша семья постоянно возрастала количественно и распространялась по разным странам и частям света — Британии, Канаде, Соединенных Штатах и Австралии. «Для нашей семьи солнце никогда не заходит», — иногда говорила Лидия. Маленький ручеек, имевший начало в Рамалле, стал рекой, охватившей земной шар.

На протяжении этих лет у нас с Лидией был один главный источник силы, который никогда не подводил нас — наше единство. В нашей молитвенной жизни мы всегда могли получить ответ, основанный на обетовании в Матфея 18:19: *«Истинно также говорю вам, что если двое из вас согласятся на земле просить о всяком деле, то, чего бы ни попросили, будет им от Отца Моего Небесного».* Невозможно сосчитать молитвы, на которые мы получили ответ на этом основании.

В нашем публичном служении, когда мы часами молились о больных и угнетенных, наше единство также приносило нам победы, которые каждый из нас поодиночке не смог бы одержать. Один знакомый служитель как-то заметил: «Вы вдвоем работаете вместе, как один».

В 1975 году, почти через тридцать лет, Бог позвал Лидию домой. Она отдала Ему пятьдесят лет тяжелого, бескорыстного служения. Подходящее для нее описание находится в Притчах 31:28-29:

> *Встают дети и ублажают ее, — муж, и хвалит ее: «Много было жен добродетельных, но ты превзошла всех их».*

Чем больше я размышляю над моим браком с Лидией, тем больше я удивляюсь безупречной мудрости Божьей. Когда я женился, у меня не было представления, какая жизнь лежала перед нами. То есть у меня не было основания для выбора жены, потому что мне не хватало элементарной информации, а интеллектуальный выбор может базироваться только на ней. Оглядываясь на труды, испытания и битвы тридцати лет, я, с другой стороны, убежден, что Лидия была единственной женщиной в мире, которая могла быть в них полезным помощником мне.

И как чудесно, что Бог знал, какая жена будет мне нужна; что много лет Он готовил ее для меня;

что Он поставил ее на пути, которыми Он намеревался вести меня; и что Он указал ее мне как помощника, которого Он избрал для меня. Всякий раз, когда я прокручиваю это в своем уме, я склоняю голову в поклонении и говорю вместе с Павлом:

*О, бездна богатства и премудрости и ведения Божия! как непостижимы судьбы Его и неисследимы пути Его! (Римлянам 11:33)*

# 3. РУФЬ

После смерти Лидии я испытал чувство одиночества, которое я не мог себе и вообразить. Потеря родных — это то, с чем каждому из нас когда-то приходится сталкиваться. Тем не менее, немногие, даже среди посвященных христиан, по-настоящему готовы к этому. Тогда этому я с новой силой познал свою нужду в Теле Христовом.

За многие годы я сблизился с четырьмя Библейскими учителями, известными по всей территории США: Доном Бэшемом, Эрном Бакстером, Бобом Мамфордом и Чарльзом Симпсоном. Мы посвятили себя совместным молитвам, увещеванию и общению. Мы стремились поддерживать и укреплять друг друга таким образом.

Утешение, которое я получил от моих братьев в эти часы одиночества, обратило в результате печаль в радость и победу. Пришел день, когда я мог сказать вместе с Давидом:

*И Ты обратил сетование мое в ликование, снял с меня вретище и препоясал меня веселием... (Псалом 29:12)*

Летом 1977 года мы впятером были частью группы международных харизматических лидеров, католиков и протестантов, совершавших поездку в Святую землю. Когда вся наша группа уехала, я решил остаться в Иерусалиме еще на неделю. Я отделил эти дни, чтобы искать Господа и понять, пришло ли время для меня вновь повернуться к Иерусалиму. Я знал, что мое служение еще не было полным. Я также воспользовался возможностью посетить офис организации, которая активно занималась переводом и распространением моих книг в Израиле и других местах. Когда я был там, я вспомнил письмо, которое получил от них несколько раньше, заканчивавшееся постскриптумом, написанным от руки: «Я хочу поблагодарить вас за ваше служение. Оно много значило для меня на протяжении многих лет. Руфь Бейкер».

Я почувствовал, что должен воспользоваться этой возможностью, чтобы выразить свою благодарность, но секретарь офиса сказал мне, что Руфь Бейкер получила серьезную травму спины два месяца тому назад и не выходила из дома, утратив способность работать.

На протяжении многих лет Бог давал мне дар веры для служения людям с проблемами в области спины. Большинство из тех, о ком я молился, были исцелены, — некоторые мгновенно, некоторые постепенно. Конечно, я приехал в Иерусалим не для того, чтобы навещать больных, но почувствовал, что будет неблагодарно с моей стороны не предложить, по крайней мере, мою помощь.

«Как вы думаете, эта женщина хотела бы, чтобы я помолился о ней?» — спросил я в офисе. Сотрудники ответили единогласным и энергичным «да» и рассказали, как добраться до ее квартиры.

По Иерусалиму меня возил молодой человек по имени Дэвид, который предоставил себя в мое распоряжение. Мы выехали по адресу, который нам дали, но после того, как мы безуспешно кружили по узким, запутанным улочкам Иерусалима в течении сорока минут, я сказал Дэвиду: «Наверное, это не есть воля Божья. Давай развернемся и поедем домой».

В том самом месте, где Дэвид начал разворачиваться, я взглянул на номер дома, который стоял на другой стороне улицы. Это был дом, который мы искали!

Мы обнаружили женщину, лежащую на диване в гостиной. На ее лице я увидел напряженное выражение боли, обычное для людей с травмами спины. Проинструктировав ее, как высвободить веру, я положил руку ей на голову и начал молиться. Затем, неожиданно Господь дал мне для нее пророческое слово, которое содержало и воодушевление, и направление. Оно высветило для нее важные моменты и было обращено к ее внутренним нуждам. Мы поговорили несколько минут, и я распрощался с чувством выполненного долга.

Всю оставшуюся неделю я выходил очень мало, концентрируясь на поиске ответа от Бога в отношении моего будущего. Но ответа не было. Наступил мой последний день в Израиле, и я ничего так и не услышал от Бога. Я должен был улетать на следующий день рано утром из аэропорта Бен-Гуриона.

Тем вечером я лег спать около 11 часов, но не мог заснуть. Вдруг я понял, что стены расступились. Я оказался в прямом контакте с Богом. Речи не могло быть о сне. Всю оставшуюся ночь Бог говорил мне. Большей частью я слышал Его голос, звучавший в моем духе со спокойной властью, которая не могла исходить из какого-либо другого источника, кроме Самого Бога.

Он напомнил мне о течении моей жизни до того времени. Многие случаи и ситуации прошли в уме передо мной, в которые Бог вмешивался, чтобы защитить и направить меня. Он также напомнил мне о различных обетованиях, которые Он давал мне на протяжении многих лет, тех, которые уже исполнились, и тех, которым еще надлежало исполниться. Он уверил меня, что если я буду продолжать ходить в послушании, все они исполнятся.

Затем, ранним утром, странная, но яркая картина появилась перед моими глазами. Я увидел холм, понижающийся в моем направлении, который напоминал мне один из холмов, понижающихся к горе Сион, на юго-восточной окраине Старого Иерусалима. Извилистая тропа вела от его подножия до самой вершины.

Инстинктивно я знал, что эта тропа символизировала для меня путь обратно в Израиль. Она все время круто взбиралась наверх. На ней было много крутых поворотов, сначала в одну сторону, затем в другую. Но если я буду держаться цели и преодолевать препятствия, она приведет меня в то место, которое Бог предназначил мне.

Самой поразительной деталью на картине, которую я видел перед собой, была фигура женщины, сидевшей на земле там, где начиналась тропа, у подножия холма. У нее были европейские черты лица и светлые волосы. Но на ней было платье в восточном стиле, цвет которого было трудно определить, но он тяготел к зеленому. Особенно меня поразила ее необычная поза. Ее спина была напряженно и неестественно согнута, что предполагало боль. Вдруг я узнал ее — это была Руфь Бейкер.

Зачем Бог показал мне эту женщину, к тому же в таком странном контексте? Еще до того, как я даже сформулировал этот вопрос, — я уже знал ответ. Он не пришел ко мне благодаря мыслительному процессу. Это даже не было тем, что сказал мне Бог. Просто это присутствовало, помещенное в такую область ума, в которую сомнение не имело доступа. Бог предопределил, что эта женщина станет моей женой.

С такой же уверенностью я знал, почему эта женщина сидела там, где начиналась тропа — не было другого доступа к этой тропе. Брак с ней будет первым шагом на моем обратном пути в Израиль. Бог не оставил мне выбора!

Целый поток эмоций наполнил мое внутреннее естество — удивление, страх, возбуждение. На мгновение я даже разозлился на Бога. Как Он мог поместить меня в такую ситуацию? Действительно ли Он пытался предложить мне жениться на женщине, с которой я только один раз встречался и о которой я ничего не знал? Я ждал, не скажет ли Бог еще что-нибудь об этом, — возможно, какое-то объяснение. Но ничего больше не последовало.

Я понял, что мне нужно действовать с большой осторожностью. Я был известной фигурой в определенных христианских кругах. Если бы я совершил теперь глупый поступок, особенно в области брака, я обесчестил бы Господа и стал бы преткновением для Его народа. Я решил никому не рассказывать о происшедшем. Я просто буду в молитве представлять Господу это дело и буду искать направления от Него.

Возвратившись в Штаты, я усердно и постоянно молился в течение месяца. Ничего не изменилось. Видение не уходило у меня из головы. Наоборот, оно стало более ярким. В конце месяца я также почувствовал, что Бог не оставил мне выбора. Он предопределил, чтобы я женился на Руфи Бейкер.

В конце концов я сказал себе: «Вера без дел мертва. Если я действительно верю, что Бог показал мне Свою волю, мне лучше начать действовать». Итак, я сел и написал в Иерусалим короткое письмо Руфи Бейкер, предлагая ей посетить христианское общение в Канзас-Сити, если она вернется в Штаты. У людей в этом общении была особая любовь к Израилю, а также близкие личные связи со мной.

Очень скоро я получил ответ: Руфь собиралась уехать с дочерью из Израиля, чтобы посетить Соединенные Штаты. Она благодарила меня за мое участие и действительно хотела бы посетить общение в Канзас-Сити. Она указала приблизительные даты поездки и номер телефона, по которому ей можно было позвонить в США.

Я позвонил ей и договорился о времени ее визита в Канзас-Сити. Вскоре мне надо было уехать в ЮАР, но мне удалось спланировать все так, чтобы быть в Канзас-Сити в первые два дня визита Руфи, а уже прямо оттуда отправиться в Южную Африку.

Лидером общения в Канзас-Сити был тот самый Дэвид, возивший меня по Иерусалиму. Он разместил меня и Руфь с ее дочерью в просторном доме. На второй день Руфь попросила о консультации насчет проблемы, возникшей в Иерусалиме.

Когда она вошла, я сказал комплимент по поводу необычного платья, которое было на ней. «Это арабский стиль, — ответила она. — Я купила его в Старом городе».

Затем она начала объяснять, что из-за травмы спины ей было больно сидеть на нормальном стуле. С моего согласия она села на пол, оперевшись спиной на стену и согнув ноги в сторону.

Непроизвольно мой ум вернулся к женщине, которую я видел в ту ночь сидящей у начала тропы на холм. Передо мной была не только та же женщина, платье было того же необычного стиля и цвета, и она сидела точно в такой же напряженной позе, которая была беззвучным свидетельством боли. Все детали точно совпадали!

Я словно потерял дар речи и мог только с трепетом смотреть на нее. Затем теплый поток сверхъестественной силы хлынул в мое тело, и я был наполнен невыразимой любовью к этой женщине, которая внешне все еще была чужой. Несколько кратких мгновений мы сидели в молчании. Затем усилием воли я овладел моими эмоциями и начал расспрашивать о проблемах, которые заставили ее искать моего совета.

На протяжении всего оставшегося разговора мой ум работал на двух уровнях одновременно. На одном я давал советы в отношении проблемы Руфи. На другом я пытался полностью разобраться в том, что происходило во мне.

До отъезда в Южную Африку, на следующий день я кратко расспросил Руфь о ее планах. Она планировала вернуться в Иерусалим на еврейский Новый год и Йом-Киппур (День Искупления), которые в том году выпадали на конец сентября. Это совпало с моими планами вернуться из Южной Африки через Израиль и остановиться на несколько дней в Иерусалиме. Я чувствовал, что мне было необходимо быть там на Йом-Киппур.

На протяжении всего служения в Южной Африке я думал, что делать дальше. Теперь были понятны две вещи: что Бог хотел, чтобы я женился на Руфи, и что я был влюблен в нее. Теперь мне следовало сделать следующий шаг. Я решил послать Руфи телеграмму с просьбой встретиться со мной за завтраком, в девять утра в гостинице «Царь Давид» в Иерусалиме, накануне Йом-Киппура.

По окончании моей поездки в ЮАР церковь Претории с любовью собрала щедрое пожертвование в южноафриканских рандах (денежная единица) на мое служение. Ограничения в вывозе валюты не позволяли мне вывезти деньги из страны. Обмен их на доллары занял бы много времени. Затем я вспомнил, что ЮАР славится своими бриллиантами и, недолго думая, решил один купить.

Мне посоветовали обратиться в ювелирный магазин в Претории, владелец которого был членом церкви. Он показал мне несколько бриллиантов, описывая особенности каждого. Наконец я выбрал один, который, казалось, сверкал немного ярче других. Владелец магазина аккуратно завернул его несколько раз в бумагу и сказал, чтобы я носил его в кармане. Мне показалось это немного прозаичным способом ношения бриллиантов, но я последовал его инструкциям.

Когда я собирался уже уходить, я заметил прекрасную брошь с двойным тигровым глазом в золотой оправе. Владелец магазина сказал мне, сколько она стоит, и я пересчитал оставшиеся ранды. Их как раз хватало, и я купил еще и брошь, попросив завернуть ее в подарочную обертку.

Двумя днями позже, в 8.45 утра я занял место в фойе гостиницы «Царь Давид» в Иерусалиме. Я выбрал место так, чтобы видеть центральный вход, и только один вопрос крутился у меня в голове: «Придет ли Руфь?»

Ровно в девять она прошла через входную вращающуюся дверь. Я поднялся и поздоровался, а затем повел ее в большой обеденный зал, где был накрыт изысканный завтрак.

К моему удивлению, наша беседа с самого начала текла свободно. Я описал собрания, которые я вел в Южной Африке. Затем я засунул руку в карман и вынул брошку с тигровым глазом в подарочной обертке. «Я привез вам сувенир из Южной Африки» — сказал я. Руфь открыла пакет и вытащила брошь. «Она прекрасна! — воскликнула она. — Я не знаю, как вас благодарить». Ее глаза засияли и легкая краска залила ее щеки. Я вспомнил о драгоценностях, которые Исаак послал Ревекке через раба Авраамова, и все, что последовало после того, как она приняла их.

После завтрака мы пошли в главную синагогу на Кинг-Джордж-Авеню, чтобы зарезервировать места на Йом-Киппур. Когда мы вернулись в отель, я предложил провести остаток утра в шезлонгах возле бассейна и попросил Руфь рассказать о себе и о последовательности событий, которые привели ее в Иерусалим. Как я и ожидал, нить страданий тянулась через всю ее жизнь, заканчиваясь милостью и благодатью Бога, Который привел ее к Себе и призвал служить Ему в Израиле.

Я особенно интересовался ответом на следующий вопрос: как закончился ее брак? Если разводом, как я подозреваю, то на каком основании? Раньше в моем служении я тщательно изучал Библейское учение о разводе и повторном браке. Я пришел к заключению, что у человека, разведшегося с супругом на основании доказанной неверности, имеется полное, данное Библией право вновь вступить в брак без какого-либо чувства вины или неполноценности. Теперь, когда я слушал историю Руфи, я был доволен, что ее случай был из той же категории.

Казалось естественным продолжить наш разговор за обедом. Но как я и ожидал, постепенно силы Руфи иссякли. Она больше не могла говорить. Пришел мой черед. И после минутного колебания, я рассказал как можно проще о моем видении с тропой на склоне холма и Руфью, сидящей у подножия.

«Вот почему я предложил вам встретиться в Канзас-Сити, — продолжил я, — и почему я пригласил Вас сюда сегодня. Я верю, что Божья воля — чтобы мы поженились и служили Ему вместе». После паузы я добавил: «Но вы не можете принять решение на основании откровения, которое Бог дал мне. Вам нужно самой услышать это от Него».

Просто и спокойно Руфь ответила, что Бог уже говорил с ней на эту тему. «После того, как мы были вместе в Канзас-Сити, — сказала она, — я сказала Господу, что если вы предложите мне выйти замуж, то я отвечу «да». В тот момент мы оба знали, что наше посвящение друг другу было сделано.

В тот вечер после служения в синагоге, я сказал Руфи о моих взаимоотношениях с четырьмя другими учителями. «Мы согласились не принимать важных личных решений, не посоветовавшись друг с другом, — объяснил я. — По этой причине я не могу идти дальше по пути посвящения тебе, пока я не поговорю с моими братьями. Но я верю, что Бог ясно явил Свою волю и сделает так, чтобы она исполнилась».

На следующий день мы с Руфью постились и провели много времени вместе, ища Господа и посвящая вновь наши жизни Ему для Его целей. Чем больше мы приближались к Богу, тем бо́льшую близость чувствовали и между собой.

Рано утром на следующий день я покинул Иерусалим. В самолете у меня было время поразмыслить над происшедшим. «Как здорово, — думал я, — Бог сделал так, что мы установили наши взаимоотношения друг с другом в самый святой день еврейского календаря и запечатлели их молитвой и постом!»

Вскоре после возвращения в Соединенные Штаты я рассказал об этом новом повороте в моей жизни Чарльзу Симпсону; однако прошло более месяца до того, как я смог встретиться со всеми четырьмя моими друзьями. Мы провели половину дня, обсуждая вопрос моего брака с Руфью. Когда я рассказал, как Бог вел меня, я понял, насколько все это было субъективно и сверхъестественно. Для меня это было так реально и живо. Для других это могло легко показаться выдумкой с натяжкой.

Также были и другие проблемы. При распаде ее брака грешили против Руфи, насколько я видел, — она сама не грешила. Тем не менее, в христианских кругах слово «развод» почти всегда производит негативную реакцию, при которой не всегда учитываются более тонкие моменты Библейского истолкования. Для меня, известного учителя Библии, жениться на разведенной женщине означало оскорбить некоторых людей.

Затем, Руфь была полуинвалидом. Поэтому она неизбежно была бы больше бременем, чем благословением в моем активном служении. Лично я был уверен, что исцеление Руфи уже шло. Но мне пришлось признать, что для подтверждения этого было немного свидетельств.

Естественно, мои братья больше заботились обо мне, чем о Руфи. Они боялись, что неудобный брак на этом этапе мог скомпрометировать все мое служение и перечеркнуть Божье предназначение для всей моей оставшейся жизни. После долгой дискуссии они сказали мне, что просто не могут одобрить мой брак с Руфью в данное время. По моей просьбе они написали письмо с подписями, в котором кратко и мягко объяснили свою точку зрения.

В те дни я осознавал, что нахожусь перед одним из наиболее трудных решений своей жизни. Мои взаимоотношения с моими друзьями не были официальным контрактом, также они не были деноминационными по своей структуре. Каждый из нас мог в любой момент выйти из соглашения. Должен ли был я воспользоваться этой возможностью?

Взвешивая это, я не столько заботился, что скажут мои братья, сколько что скажет Сам Бог. Для меня в жизни нет ничего важнее Божьего одобрения и благословения.

Я вспомнил, как Давид описал в 14-м Псалме человека, нашедшего Божье благословение, и особенно утверждение, что такой человек *«клянется, хотя бы злому, и не изменяет»* (ст.4). Посвящение, от которого человек может отказаться, когда оно больше не подходит ему, вообще не является посвящением. Кроме того, в час потери жены я принял всю поддержку, которую дали мне мои братья. Мог ли я принять их утешение, когда я в нем нуждался, и отвергнуть их совет, когда он противоречил моим желаниям?

Ничего не изменилось в чувствах, которые я испытывал к Руфи. Я также был уверен, что она была драгоценным Божьим даром для меня. Мог ли Бог просить меня освободить ее от нашего посвящения друг другу? Я вспомнил, как Бог дал Аврааму Исаака, а затем попросил отдать его в виде жертвы на горе Мориа. И только после того, как Авраам доказал, что он хотел принести жертву, Бог высвободил Свое полное благословение и на Авраама, жертвующего, и на Исаака, жертву.

Когда-то я написал книгу на эту тему, озаглавив ее «Благодать повиновения». Если бы я сам не хотел следовать тому, чему сам же учил, я был бы осужден в своем сердце как человек, проповедующий другим то, что не был готов практиковать сам. Я видел, что мои убеждения не оставляли мне выбора. Я должен был послушаться решения братьев и сообщить о нем Руфи.

С тяжелым сердцем я позвонил, чтобы сказать это Руфи. Единственное утешение, которое я мог предложить ей, было то, что я собирался приехать в Иерусалим примерно через две недели, так как должен был встретиться с некоторыми лидерами. Я обещал более полно объяснить ей ситуацию при личной встрече.

Через две недели мы снова встретились за завтраком в отеле «Царь Давид». Внешне наша встреча была на удивление бесстрастной. Я рассказал Руфи, что произошло, и передал ей письмо от моих братьев. «Я чувствую, что нам нужно прервать всякое общение друг с другом, — сказал я, — кроме общения посредством молитвы».

Руфь уверила меня, что понимает мое решение и согласна с ним. Нам не нужны были слова, чтобы уверить друг друга, что наши чувства не изменились. Когда завтрак закончился, я посадил Руфь в такси и провожал его глазами, пока машина не затерялась в потоке транспорта.

В последующие дни в моей душе установилась холодная зима. Жизнь была такой пустой. Любое задание было рутиной. Самые близкие друзья казались далекими.

Затем неожиданно в моем уме возникли следующие слова: «То, что умирает осенью, будет воскрешено весной.» Я не понял этих слов полностью, но в моей душе зажглась новая искра надежды.

В конце года я направлялся на служение в

Австралию. Когда самолет высоко летел над Тихим океаном, мой взгляд упал на стих в Библии, открытой у меня на коленях:

*От конца земли взываю к тебе в унынии сердца моего: возведи меня на скалу, для меня недосягаемую... (Псалом 60:3)*

Я был чрезвычайно впечатлен, так как в отношении к Израилю Австралия является самой отдаленной населенной частью земли.

«Конец земли, — подумал я. — Как раз туда я и направляюсь!» Я еще раз перечитал эти слова: *«от конца земли взываю к тебе...»* Вел ли Бог меня именно для этого в Австралию? Не столько для того, чтобы служить другим, сколько искать Бога в молитве для себя?

Во время последующих недель в Австралии молитва открылась для меня в новом измерении. Я выполнил все свои обязанности по отношению к служению, а все остальное время провел в молитве. Апогея это достигло во время недели в Аделаиде, когда я должен был служить только по вечерам. Каждый день, укрывшись в маленькой комнатке с кондиционером для гостей, в дальнем конце пасторского дома, я полностью отдавался молитве. Большую часть времени я проводил, упавши на лице перед Богом.

У меня было впечатление, как будто я прокладывал себе путь через длинный темный туннель. Освобождение и полнота для меня были на другом конце, но туда можно было попасть только через туннель. Мое продвижение могло быть измерено часами, проведенными в молитве. Наконец в конце недели произошел огромный прорыв. Я почувствовал, что вышел на свет в конце туннеля.

С этого момента я знал, что мое будущее с Руфью было обеспечено. Больше не было борьбы, не было беспокойства. В духовной сфере вопрос был решен!

Я мог со спокойной уверенностью ждать его решения в естественной сфере.

В последующие месяцы я чувствовал, как будто наблюдаю изменения на шахматной доске, на которой рука гроссмейстера переставляла фигуру за фигурой туда, куда нужно. Я предоставлю Руфи возможность рассказать эту часть нашей истории с ее точки зрения, что она и сделает в конце этой книги. Достаточно будет сказать, что Бог работал так же мощно в сердцах моих друзей-учителей, как и в моем сердце. Он также даровал Руфи полное исцеление, в отношении которого мы доверяли Ему.

В апреле 1977 года Руфь и я объявили о нашей помолвке, и в октябре мы поженились. Церемонию вел Чарльз Симпсон, и другие учителя присоединились к нему, когда нас посвящали Господу. Какое большое Божье благоволение чувствовали мы!

С Руфью рядом мое служение вступило в новую фазу. В 63 года я вполне мог ожидать постепенного спада моей энергии и масштаба служения. Однако, напротив, мое служение расширилось так, как я никогда не ожидал. За несколько лет через радио, книги, кассеты и личное служение я охватил большую часть земного шара. Наиболее воодушевляло то, что моя радиопрограмма достигала миллионы людей, которые никогда не слышали Божьего Слова другим образом.

Неизменные любовь и полное посвящение Руфи давали мне силу и уверенность, позволяющие преодолевать новые рубежи, которые Бог постоянно показывал мне. Но основание нашего успеха находилось в служении каждодневного ходатайства. В этом мы достигли совершенного согласия, совершенной гармонии в вере, которая делает молитву непобедимой.

Когда мы с Руфью трудились рядом, Бог добавил новое измерение в мое служение исцеления. Теперь часто я проповедую час или больше, затем мы вдвоем служим больным четыре или пять часов, когда Бог дает сверхъестественное свидетельство истины Слова, которое я проповедовал. Перед концом таких служений мы с Руфью иногда возлагали руки на другие пары и передавали то же сверхъестественное служение, которое Бог дал нам.

Такое расширение нашего служения вызвало долгие и трудные поездки во все увеличивающееся количество стран. Мы были подвержены всем неудобствам, вызванным постоянной сменой климата, диеты и культуры. В таких ситуациях Руфь предвидела мои нужды гораздо раньше меня и всегда изобретала гениальные способы их восполнения.

В других областях, таких как администрирование и словотворчество, Бог также наделил ее способностями восполнять нужды, о возникновении которых я и не подозревал. Вновь и вновь я удивляюсь что ее способности дополняют мои, так же, как перчатка подходит для руки. Как и в первом браке, Бог обеспечил меня «соотвественным помощником». За годы, прошедшие между двумя браками, природа моих нужд изменилась. Но то, как Бог восполнил их, было в моем втором браке так же безупречно, как и в первом.

В каждом из этих случаев Бог действовал в соответствии со Своим собственным планом, установленным до начала истории человечества. В случаях с Лидией и Руфью это было одинаково: Бог предусмотрел, в какой жене я нуждаюсь; Он тщательно подготовил ее для меня; Он поместил ее на путь, по которому Он меня вел, и Он указал ее мне как помощника, которого Он избрал для меня.

Также, в каждом из случаев, выполнение Божьего плана произвело соединение двух личностей в одну, что является Божьей конечной целью для брака.

# БОЖИЙ ПУТЬ К БРАКУ

## 4. ВРАТА

В первой главе мы кратко рассмотрели Библейские принципы вступления в брак, а в следующих двух главах я показал, как мой личный опыт брака — сначала с Лидией, затем с Руфью — поразительно точно совпадает с Библейским образцом. Так как понимание этих принципов является основополагающим для всего последующего, будет полезно повторить их сейчас более детально:

1. Сам Бог установил брак в начале истории человечества. Человек не участвовал в его планировании. Без Божественного откровения человек не может понять его, а тем более испытать его.
2. Решение, что человек должен жениться, исходило от Бога, а не от человека.
3. Бог знал, какой помощник нужен мужчине. Мужчина этого не знал.
4. Бог приготовил женщину для мужчины.
5. Бог представил женщину мужчине. Мужчине не нужно было идти искать ее.
6. Бог установил природу их совместной жизни — ее конечной целью было единство.
7. Иисус подтвердил первоначальный Божий план брака, как обязательный для всех, кто станет Его учениками. Он в силе и сегодня.

Стандарт, который таким образом установил Бог для брака, является высоким, но достижимым. По всему миру живут христиане разной национальной и социальной принадлежности, которые могут свидетельствовать, что Божий план работает. Любой христианин, желающий выполнить его условия, может испытать его действие в своей жизни.

Каковы же условия? Существует одно чрезвычайно важное условие, которое стоит подобно воротам на пороге жизни, которую Бог приготовил для Своего народа. И все, кто желают войти в Его план для своей жизни, должны пройти через эти ворота. Это очень актуально и в отношении Божьего плана для брака, но касается также всех других областей христианской жизни.

В Римлянам 12:1 Павел вплотную подводит нас к этим вратам:

*Итак умоляю вас, братия, милосердием Божиим, представьте тела ваши в жертву живую, святую, благоугодную Богу, для разумного служения вашего...*

В предыдущих одиннадцати главах Послания к Римлянам Павел рассматривал безграничную милость Божью к человечеству и полное обеспечение, которое Он дал всем людям, иудеям и язычникам, через жертвенную смерть Иисуса Христа. Теперь он переходит к ответу, которого Бог требует от каждого из нас. Он прост и практичен:

*...представьте тела ваши в жертву живую... Богу...*

Это жертва, которую Бог требует от нас для того, чтобы Его план пришел в действие. Почему Павел подчеркивает, что эта жертва должна быть живой? Потому что он противопоставляет ее жертвам Ветхого Завета, которые сперва закалывались, а затем помещались мертвыми на жертвенник. В Новом

Завете Бог требует, чтобы каждый верующий представил свое тело полностью на Его жертвенник, — это должна быть живая жертва, которая активна и посвящена на служение Ему. Нет различия в степени посвящения в Новом и Ветхом Заветах.

Бог требует полной, безраздельной отдачи. Представить свое тело Богу таким образом означает, что у вас больше нет права владеть им или контролировать его. Вы больше не решаете, куда оно должно идти, что ему есть и носить, и какое служение выполнять. Все это теперь решается Тем, Кому вы передали полные и безграничные права на владение собой. Так как Он является вашим Творцом, то лучше вас знает, что может совершить в вашем, отданном Ему теле и через вас для Своей славы.

Первым результатом этой отдачи является то, что это делает ваше тело святым. В Матфея 23:19 Иисус напоминает фарисеям, что именно Божий жертвенник освящает (или делает святой) жертву, возлагаемую на него, а не наоборот. Это применимо и к нашему телу, когда оно помещается на Божий жертвенник. Этим действием оно освящается, делается святым, отделяется для Бога.

Это имеет особую важность для рассмотрения брака, ибо брак является союзом, при котором два тела становятся одним. От начала Бог провозгласил: «Двое будут одна плоть!» Какая бесценная привилегия привести к этому союзу тело, которое было сделано святым!

К несчастью, сегодня многие молодые люди, злоупотребляют и оскверняют свои тела наркотиками, незаконным или неестественным сексом и многими другими занятиями, ведущими к деградации. Возможно ли, чтобы такие люди приготовили для брака тело, сделали его святым, и оно не являлось бы больше источником позора? — Да! Через жертвенник, приготовленный смертью Иисуса на кресте,

Бог дает святое тело даже таким людям. Ибо Кровь Иисуса, пролитая на жертвенник, *«очищает нас от всякого греха»* (1Иоан.1:7).

Павел предупреждает христиан в 1-м Послании к Коринфянам 6:9-10, что на небеса не могут попасть *«ни блудники... ни прелюбодеи, ни малакии, ни мужеложники... ни лихоимцы, ни пьяницы...».* Он завершает этот список словами (ст.11):

> *И такими были некоторые из вас; но омылись, но освятились, но оправдались именем Господа нашего Иисуса Христа и Духом Бога нашего.*

Позже, во 2-м Коринфянам 11:2, Павел говорит тем же людям:

> *...я обручил вас единому мужу, чтобы представить Христу чистою девою.*

Какую невообразимую перемену изображает здесь Павел: от глубин деградации до непорочной праведности и святости! Такова сила Крови Иисуса для тех, кто возложил свое тело на Его жертвенник.

В Римлянам 12:2 Павел продолжает, описывая второй результат предоставления своего тела на Божий жертвенник:

> *...и не сообразуйтесь с веком сим, но преобразуйтесь обновлением ума вашего, чтобы вам познавать, что (есть) воля Божия, благая, угодная и совершенная.*

В ответ на вашу жертву Бог сделает для вас то, что вы не сможете достичь усилиями своей воли. Он обновит ваш ум. Он изменит образ вашего мышления. Это включает в себя ваши цели, ваши ценности, ваши отношения и ваши приоритеты. Все это будет приведено в соответствие с целями, ценностями, отношениями и приоритетами Самого Бога и Его Царства.

Это внутреннее изменение отразится на вашем внешнем поведении. Вы больше не сможете и не будете «сообразовываться», — поступать, как невозрожденные люди вокруг. Вместо этого, вы будете «преобразованы» и начнете являть в вашем поведении природу и характер Бога. Пока вы не начнете обновляться умом, вы не сможете обнаружить многое из того чудесного, что Он запланировал для вас.

Павел называет старый, необновленный ум «плотским» умом, «плотскими помышлениями», которые *«суть вражда против Бога; ибо закону Божию не покоряются, да и не могут» (Рим.8:7).* Бог не будет открывать Свои секреты и давать Свои сокровища уму, враждующему с Ним. Но когда ваш ум обновлен, вы начинаете обнаруживать и воспринимать все, что Бог запланировал для вашей жизни.

Это раскрытие Божьей воли вашему обновленному уму будет прогрессировать. Павел использует для описания воли Божьей три слова: «благая, угодная и совершенная».

Прежде всего, вы откроете, что Божий план для вас всегда благ. Бог никогда не планирует плохое или вредное для кого-то из Своих детей. Делая это открытие, вам, видимо, надо будет отвергать ложь дьявола, который будет очень настойчив, подсказывая, что полная отдача Богу будет стоить вам всего интересного и захватывающего в жизни. Он будет навязчиво шептать в ваш ум ложь: «Тебе придется оставить все, что тебе нравится... Будешь всего лишь рабом... Твоя жизнь будет безрадостной и серой... Ты потеряешь всех своих друзей... Твоя личность не будет развиваться...» и т.д. и т.п.

На самом деле правильно обратное. Божий план не только благ, но еще и угоден. Полная отдача Богу является вратами в жизнь, полную приключений и удовольствий, которые невозможно испытать никаким другим образом. На протяжении многих лет служения я не встречал ни одного христиана, кто посвятил бы себя полностью Богу и потом жалел бы об этом. С другой стороны, я знаю многих других христиан, которым предлагалось сделать такое посвящение, и которые отказались. Почти все без исключения закончили разочарованием и неудовлетворенностью.

Если вы будете продолжать идти вперед в раскрытии Божьей воли для вашей жизни, вы после благого и угодного достигнете совершенного. В своей полноте Божий план совершенен. Абсолютен. В нем нет провалов. Он покрывает каждую область вашей жизни, восполняет всякую нужду, удовлетворяет каждое желание.

Если брак является частью Божьего плана для вас, тогда вы можете доверять Ему, что Он претворит в жизнь каждую деталь и для вас, и для вашего супруга, которого Он выбрал для вас.

Бог сведет вас с человеком, подходящим вам настолько, что вместе вы сможете достичь того единства, которое первоначально было задумано Богом. Это будет на порядок выше самых смелых мечтаний мира.

Возможно, вы никогда не отдавали себя Богу полностью. Таким образом вы никогда не «представляли ваше тело в жертву живую» Богу. Возможно, вы не знали, что Бог требует этого от вас. Но теперь вы обнаружили, что стоите перед этими вратами — вратами полной отдачи. Вы жаждете испытать все, что лежит по другую сторону, но вы боитесь. Вы уже начинаете слышать в вашем уме нашептывания дьявола...

Я хочу сказать, что я понимаю ваши чувства. Более сорока лет тому назад я стоял перед теми же вратами. Я испытывал то же внутреннее напряжение; я жаждал узнать все, что лежит по ту сторону, и в то же время боялся того, чего это может мне стоить. Мой ум был наводнен вопросами: что скажут мои друзья? А моя семья? Что произойдет с моей университетской карьерой? Наконец я принял решение, я посвятил всю мою жизнь Богу.

С тех пор ни разу я не пожалел об этом решении и не хотел отменить его. Оно открыло путь к жизни, которая оказалась богаче, полнее, увлекательнее, чем я мог мечтать. Это включает спутника, приготовленного Богом, для каждого из двух моих успешных браков. Одно я могу сказать с полной уверенностью: Божий план работает!

Я не могу заставить вас войти в эти врата. Даже Бог не будет делать это. Но я могу показать вам, как войти. Необходимо только решение, за которым следует простая молитва. Если вы готовы принять решение, вы можете произнести следующую молитву:

*«Господь Иисус Христос, я благодарю Тебя, что на кресте Ты отдал Себя, как жертву за мои грехи, чтобы я мог быть прощен и мог иметь жизнь вечную. В свою очередь я отдаю себя Тебе. Я представляю свое тело в живую жертву на Твой жертвенник.*

*С этого момента я полностью принадлежу Тебе. Сделай меня таким, каким хочешь Ты; веди меня туда, куда хочешь; открой Твой план для моей жизни. Да будет в моей жизни не моя воля, но Твоя».*

Теперь запечатайте свое решение благодарением Господу. Поблагодарите Его за то, что Он услышал и принял вас. Поблагодарите Его, что теперь вся ваша жизнь принадлежит Ему. Он отвечает за вас. Он откроет каждую дверь Своей воли для вас. Он выполнит каждый план и цель, которые имеет для вашей жизни.

Всем, кто сделал такое неограниченное посвящение Господу либо читая эти страницы, либо раньше, я могу дать гарантию: если вы прочитаете эту книгу и последуете предлагаемым советам о браке, вы обнаружите то, что Бог запланировал для этой сферы вашей жизни, и Его план будет выполнен. Но помните, теперь вы не принимаете свои решения. Вы находите Божьи решения и делаете их своими.

Необходимо помнить еще одно: Бог дает Свое лучшее тем, кто оставляет выбор Ему!

# 5. РАЗВИТИЕ ЧЕТЫРЕХ ОТНОШЕНИЙ

Теперь, когда ваш ум обновляется Святым Духом, вы можете продвинуться в следующие две области, где вам необходимо привести свою жизнь в соответствие с Божьими требованиями, — ваше отношение и ваши действия. Эта глава сконцентрирована вокруг вашего отношения, следующая — вокруг действий.

Необходимо поставить их в правильном порядке: сначала отношение, потом действия. Во всем поведении человека отношение к чему-либо предшествует действиям и определяет их. Игнорировать отношение и концентрироваться на действиях все равно, что ставить телегу перед лошадью.

Это было главное ударение, которое делал Иисус в Нагорной проповеди. Закон Моисеев концентрировался в основном на внешних действиях, таких как убийство или блудодеяние, в то время как Иисус делал ударение на внутреннем отношении: гневе, ненависти или похоти в сердце.

Правильные действия будут неизбежно проистекать из правильного отношения, в то время как неправильное отношение не может произвести правильные действия.

Я считаю, что если вы желаете войти в Божий план для брака, вам необходимо культивировать правильное Библейское отношение в четырех областях: во-первых, ваше отношение к браку, во-вторых, ваше отношение к себе, в-третьих, ваше отношение к другим людям, и в-четвертых, ваше отношение к родителям. Причем ваше отношение к другим людям будет очень важным фактором в определении вашего отношения к спутнику, которого Бог вам назначил.

Теперь давайте рассмотрим первый пункт — ваше отношение к браку. Здесь выделяются два требования: благоговение и смирение. Готовы ли вы подойти к браку с необходимым благоговением? Рассматриваете ли вы его как священную тайну, которая была от вечности образована в Божьем уме и явлена человеку для его безмерного блага и благословения?

Каждый христианин, исследующий брак, должен читать и перечитывать слова Павла в Ефесянам 5:25-32:

*Мужья, любите своих жен, как и Христос возлюбил Церковь и предал Себя за нее, чтобы освятить ее, очистив банею водною, посредством слова; чтобы представить ее Себе славною Церковью, не имеющею пятна, или порока, или чего-либо подобного, но дабы она была свята и непорочна. Так должны мужья любить своих жен, как свои тела: любящий свою жену любит самого себя. Ибо никто никогда не имел ненависти к своей плоти, но питает и греет ее, как и Господь Церковь; потому что мы члены тела Его, от плоти Его и от костей Его. Посему оставит человек отца своего и мать и прилепится к жене своей, и будут двое одна плоть. Тайна сия велика; я говорю по отношению ко Христу и к Церкви.*

Видите, что Павел говорит здесь? Человеческий брак является земным аналогом взаимоотношений между Христом и Его Церковью. Союз, которым мужчина наслаждается со своей женой, является прообразом союза, который Христос будет иметь со Своей Церковью. Это союз, в котором Бог (Творец) и человек (творение) будут соединены вместе в близком, совершенном, вечном единстве. Только сверхъестественная благодать Божья может привести мужчину и женщину во взаимоотношения, которые являются прообразом такого величественного и священного союза.

Благоговейное рассмотрение этой тайны должно привести каждого из нас к признанию: «Господь, я не могу даже понять всего, что Ты приготовил для меня в браке. Тем более, я не могу достичь этого своими усилиями. Поэтому я смиренно влагаю мою руку в Твою и прошу Тебя учить меня и вести меня».

Если вы сделаете такое отношение своим, вы сможете покоиться в уверенности. Псалом 24:9:

(Бог) *Направляет кротких к правде, и научает кротких путям Своим.*

Своим способом и в Свое время, Бог даст вам в руку ключ.

Возможно, сейчас вы склонны говорить: «Это слишком высоко для меня, слишком трудно. Я не достоин этого, не способен к этому». Такая реакция необязательно является неправильной. Многочисленные несчастные браки стали результатом того, что люди вступали в них, не рассматривая серьезно всего, что потребуется от них. К сожалению, это справедливо не только в отношении неверующих. Это относится и ко многим христианам.

Здесь вы сталкиваетесь со вторым важным вопросом: ваше отношение к себе. Чувство собственной ценности является самым важным элементом успеха в вашей жизни и, не в последнюю очередь, в браке. Также это одно из многих бесценных приобретений, доступных вам через веру во Христа. Но, возможно, вы еще не обнаружили это.

На ум могут прийти многие личные проблемы: «У меня было несчастное детство», «Мои родители были в разводе», «Я никогда ни в чем не добивался успеха», «Я чувствую себя не в своей тарелке с другими людьми, особенно противоположного пола», «Я не вижу, что может дать мне жизнь» и так далее.

Все это может быть действительностью, но если вы пошли за Христом, к вам это больше не относится. Послушайте, что говорит Павел во 2-м Коринфянам 5:17:

*Итак, кто во Христе, тот новая тварь; древнее прошло, теперь все новое.*

Благодаря новому рождению вы стали новым творением. Бог берет вас таким, какой вы есть, но затем не просто делает несколько исправлений и улучшений, — Он делает вас полностью новым внутри. Бог не только простил ваши прошлые грехи и неудачи, Он полностью стер всю запись о них. Вы получили совершенно новое начало — новую природу. От вас зависит, чтобы принять это верой и действовать соответственно.

В естестве человека главное основание для принятия себя и для чувства собственного достоинства находится в любви, заботе и воспитании, получаемых от родителей. С таким прошлым человек будет положительно оценивать себя, ему легче почувствовать себя принятым. Он знает, кто он и откуда он. Однако, в послевоенное время многое изменилось. Массовое невыполнение своих обязанностей эгоистичными и слабыми отцами. Затем и матери повели себя так же, либо сражались, стараясь выполнить обе роли одновременно. И вот поколение, лишенное родителей. Став взрослыми, они испытывают парализующее чувство неполноценности и уязвимости.

Это одна из главных причин развала многих браков и других близких взаимоотношений. С уязвимыми людьми трудно жить. Они не могут покоиться во взаимоотношениях и постоянно нуждаются в том, чтобы что-то поддерживало их чувство собственного достоинства. Однако никаких усилий для этого не хватает надолго. Такие люди не знают, как принимать любовь, и поэтому не могут давать ее. Вторая из двух Великих Заповедей говорит нам, чтобы мы любили своего ближнего, как самого себя. Если мы не научимся любить себя, у нас не будет что предложить нашему ближнему!

Через веру во Христа Бог обеспечил Божественное исцеление для такого состояния, которое так часто встречается в сегодняшнем мире. Бог стал нашим небесным Отцом. Он принял лично нас, как Своих детей. Он сделал нас «принятыми в возлюбленном», т.е. в Иисусе. Мы больше не сироты и не покинутые. Мы больше не чужие и не враги. Мы принадлежим лучшему семейству в мире — семье Божьей. И благодаря тому, что Бог принял нас, мы можем принять и себя. Что-либо меньшее является простым неверием.

Юридически все уже совершено с момента, когда мы родились свыше. Однако, на практике нам необходимо культивировать и углублять постоянно расширяющееся понимание того, кем мы стали в Божьей семье. Для достижения этого необходимо провести долгие часы, глядя в зеркало Божьего Слова — Библию. Тогда мы начинаем видеть шаг за шагом и деталь за деталью, что значит быть чадом Божьим. Когда мы смотрим в зеркало Божьего Слова, Дух Божий работает в нас, преобразуя нас в подобие того, на что мы смотрим. Павел описывает этот процесс:

*Мы же все, открытым лицем, как в зеркале, взирая на славу Господню, преображаемся в тот же образ от славы в славу, как от Господня Духа. (2-е Коринфянам 3:18)*

Если вы установили правильное отношение к себе, основанное на ваших взаимоотношениях с Богом как с вашим Отцом, вы готовы рассматривать третий важный вопрос — ваши взаимоотношения с другими людьми.

В начале истории человечества бунт человека против Бога и последующее грехопадение закрыли его в тесную тюрьму эгоизма. С этого времени эгоцентричность, сосредоточенность на себе стала наиболее явным дьявольским воздействием на человеческую жизнь. Служа освобождением людям, угнетенным злыми духами, я заметил, что такие люди почти всегда чрезвычайно эгоцентричны. Они обожают часами сидеть на консультациях и излагать в утомительных деталях все свои проблемы. Они не могут понять, что чем больше вы сконцентрированы на себе, тем крепче вы делаете решетки своей темницы.

Одним из великих действий искупления через Христа является наше освобождение от «тюрьмы» своего «эго» — своего «я». Отождествление со Христом позволяет нам относиться к другим людям так, как Он. Павел наставляет нас простым и понятным языком:

*Не о себе только каждый заботься, но каждый и о других. Ибо в вас должны быть те же чувствования, какие и во Христе Иисусе... (Филиппийцам 2:4-5)*

Существуют две основные причины, почему браки разрушаются или оказываются несчастными: недостаток внимания и недостаток чувствительности со стороны одного или обоих супругов. Это, в свою очередь, ведет к нарушению общения.

Эти основные проблемы могут проявляться в различных типах поведения, в зависимости от темперамента сторон. Некоторые из наиболее явных проявлений — сексуальная неверность, споры и ссоры, супруги направляющиеся своим путем и строящие самостоятельную независимую жизнь. У всех этих проявлений есть одна общая черта: они разрушают конечную цель Бога в браке — единство.

Благодать Божья при искуплении предлагает нам два противоядия — признательность и благодарение. Признательность — внутренняя реакция, а благодарение — внешнее выражение. Вместе они действуют как клей, который держит двух людей вместе в гармонии друг с другом.

Поэтому взращивайте отношение признательности и благодарности! Смотрите на каждую ситуацию и каждые взаимоотношения позитивным взглядом. Ищите всегда хорошее, малое или большое. Когда вы обнаружите хорошее, позаботьтесь о том, чтобы выразить благодарность и признательность. Это сделает вас человеком, с которым легко жить. Практикуйте это во всех взаимоотношениях, через которые вы проходите в жизни, и со временем вы пожнете благословения в гармоничном браке.

Представим, что вы усердно молились о супруге, и ваш Небесный Отец услышал вашу молитву. И вы верите, что Он готовит для вас именно такого супруга, в котором вы нуждаетесь, до малейших деталей. Но поскольку Бог является любящим Отцом, Он не отдаст вам одного из Своих любимых детей в супруги пока не уверится, что вы будете обращаться с ней (или с ним), как того заслуживает каждое чадо Божье.

Нам осталось рассмотреть еще одно важное отношение — ваше отношение к родителям. Возможно, вы будете удивлены, обнаружив это среди необходимых условий для успешного брака. Тем не менее это так. Апостол Павел цитирует пятую из Десяти Заповедей и комментирует ее следующим образом:

*Дети, повинуйтесь своим родителям в Господе, ибо сего требует справедливость. «Почитай отца твоего и мать», это — первая заповедь с обетованием: «Да будет тебе благо, и будешь долголетен на земле». (Ефесянам 6:1-3)*

Павел указывает, что к этой пятой заповеди, относящейся к родителям, Бог добавил особое обетование: «да будет тебе благо, и будешь долголетен на земле». Обетование подразумевает условие: если ты желаешь блага и долголетия, то ты должен почитать своих родителей. И, наоборот, если ты не почитаешь своих родителей, то ты не можешь ожидать блага и долготы лет жизни.

Запомните, что можно почитать своих родителей, не соглашаясь с ними в отношении всего или не приветствуя все, что они делают. Вы можете решительно не соглашаться с ними в некоторых вопросах и в то же время сохранять к ним уважительное отношение.

Почитать своих родителей — означает почитать Самого Бога, Который дал эту заповедь.

Я убежден, что должное отношение к родителям является необходимым требованием для Божьего благословения жизни каждого человека. За все годы моего служения я не встречал ни одного христианина, который имел неправильное отношение к своим родителям и в то же время наслаждался бы Божьими благословениями. Такой человек может быть ревностным во многих областях христианской жизни, активным в церкви, энергичным в служении. Возможно, его даже ждет место на небесах. И все же всегда чего-то не хватает в его жизни: благословения и благоволения Божьих.

С другой стороны, я видел многих христиан, в жизнях которых произошли радикальные изменения, когда они признали неправильное отношение к родителям, раскаялись в нем и сделали необходимые изменения. Я помню одного человека, который почувствовал обличение в том, что он всю жизнь испытывал ожесточение и ненависть к своему отцу. И хотя его отец был уже мертв, этот человек преодолел сотни миль на пути к кладбищу, где был похоронен его отец. Преклонившись перед могилой, он излил свое сердце Богу в глубоком сожалении и раскаянии. Он не встал с колен, пока не узнал, что его грех был прощен, и что он был освобожден от его негативного воздействия. С этого момента ход его жизни изменился от неудачи и поражения до победы и успеха.

Многие молодые пары в своем браке борются с проблемами, источник которых они не могут проследить и понять. Они посвящены Господу и друг другу, между ними существует искренняя любовь. И все же чего-то не хватает, не хватает Божьего благословения. В таких случаях я всегда рекомендую им проверить свое отношение к родителям и, если Писание требует какого-то изменения, измениться. Часто это превращало брак, борющийся за выживание, в успешный.

В этот век преступных родителей необходимо признать, что многим молодым людям действительно есть, на что жаловаться. Часто они вырастают в разделенных, раздираемых распрями семьях, лишенные главного — любви, заботы и воспитания, которых каждый ребенок имеет право ожидать от своих родителей. Тем не менее это не оправдывает неправильное отношение ожесточения и бунта. Более того, такое отношение чрезвычайно вредно и смертоносно для тех, с кем они вступают во взаимоотношения.

Однажды я увещевал одного молодого человека, который был обручен с милой христианской девушкой. Он искренне любил свою невесту, но временами его отношение к ней менялось на ненависть и ярость, граничащие с насилием. К его удивлению, я начал спрашивать его об отношении к его отцу, а не к его невесте. Он признался, что ненавидел своего отца и бунтовал против него с детства. Я убедил его исповедать это как грех, отвергнуть бунт и простить своего отца. С этого времени у него больше не было проблем во взаимоотношениях с невестой. Если бы он не освободился от неправильного отношения к отцу, это, в конце концов, разрушило бы его брак.

В конечном счете, развитие правильного отношения к родителям необязательно указывает на высокий уровень духовности. Это просто осознанная личная потребность, личный интерес.

«Допустим, мои родители попросят меня сделать что-то неправильное, что-то противоречащее Библии, — может спросить молодой человек, — означает ли это, что я должен слушаться их?»

Ответ на этот вопрос — нет и еще раз нет! Если действительно стоит жесткий выбор между послушанием Богу и послушанием родителям, нашим ответом должен быть ответ Петра перед синедрионом (Деян.5:29):

*...должно повиноваться больше Богу, нежели человекам...*

С другой стороны, если проблема заключается просто в желании молодого человека настоять на своем, и не является вопросом послушания Богу, тогда требование послушания родителям остается.

Главным является не послушание, а подчинение. Послушание — это действие, а подчинение — отношение. Даже в такой ситуации, где молодой христианин решает, что послушание родителям будет являться непослушанием Богу, он все равно может сохранить отношение подчинения. Он может сказать своим родителям: «В этом случае моя совесть не позволяет мне сделать то, что вы просите меня, но я уважаю и почитаю вас».

Часто получается так, что уважительное отношение подчинения со стороны молодого человека приводит к изменению родительского отношения. Подчинение подготавливает путь для Божьего вмешательства в конкретную ситуацию, в то время как упрямство преграждает Ему путь. В заключение вспомните предупреждение Иисуса в Евангелии от Марка 4:24:

> *...какою мерою мерите, такою отмерено будет вам...*

То, как вы относитесь к другим — родителям, семье, друзьям, другим христианам, определит то, как они будут относиться к вам. И, что важнее всего, это определит то, как Бог будет относиться к вам. Той же мерой, какой мерите вы, будет отмерено вам.

# 6. ВОСЕМЬ ОСНОВНЫХ НАПРАВЛЕНИЙ

Вы обратили внимание на то отношение, которое позволит вам построить успешный брак? Если да, то пришло время рассмотреть те действия, которые вам необходимо совершать каждый день, если вы желаете найти путь, который ведет к успешному браку, и следовать по этому пути. В этой главе речь пойдет о восьми таких действиях, основанных на Писании.

Но прежде, чем мы начнем их изучать, вам необходимо понять, что мы не говорим о наборе жестких правил. Успех в христианской жизни не достигается просто составлением и соблюдением набора правил. Как раз люди, думающие так, обычно приходят к разочарованию. Причина этого состоит в том, что они не поняли разницу между законом и благодатью.

Закон действует через ряд внешних правил, начертанных первоначально на каменных скрижалях. Благодать же действует через истины, написанные Святым Духом в человеческом сердце. Только Святой Дух, названный «перстом Божиим», может достичь уголков человеческого сердца и укоренить там законы жизни. Без Святого Духа благодать не может действовать, а христианство становится просто религией моральных принципов, слишком высоких, чтобы человек мог исполнить их своими собственными усилиями.

Я мысленно возвращаюсь в Рамаллу, где мы с Лидией жили после того, как поженились. В углу гостиной в горшке стояло ползучее растение с тонкими гладкими листьями. На арабском оно называлось «дахабия» — «золотое». За несколько лет оно поднялось по стене и достигло через потолок до противоположного угла. Лидия помогала ему расти в нужном направлении с помощью очень простого способа. В направлении, в котором она хотела, чтобы растение росло, — сначала по стене, а затем через потолок, — она вбивала в стену гвозди, немного впереди отростков. Повинуясь инстинкту, это растение пускало усик к гвоздю, оборачивалось вокруг него, а затем тянулось к следующему. Таким образом, эти гвозди определяли направление роста растения, — вверх, а потом вперед.

Я хотел бы, чтобы вы использовали наставления в этой главе так же, как растение использовало гвозди в стене и потолке. Рассматривайте их не как правила, а как основные направления. Практикуйте их каждый день, пока вы твердо не усвоите их. Затем, простирайтесь к следующему основному направлению. И помните — для этого потребуется много непрестанных молитв.

В Екклесиасте 12:11 Соломон использует похожий образ для учения, которое он давал Божьему народу: *«Слова мудрых — как иглы и как вбитые гвозди, и составители их — от единого пастыря».*

Когда вы обратитесь к этим основным направлениям, относитесь к ним следующим образом: как к иглам, подстегивающим вас на пути к христианской жизни, и как к гвоздям, к которым вы простираетесь и за которые цепляетесь ростками вашей веры. Помните также, что все они даны единым Пастырем, Господом Иисусом Христом, Пастырем вашей души, Который любит вас и полностью обеспечил ваше преуспевание.

## НАПРАВЛЕНИЕ ДЕЙСТВИЯ №1:

*Слово Твое — светильник ноге моей и свет стезе моей. (Псалом 118:105)*

Давид описывает здесь, как мы можем найти Божью стезю для своей жизни. Необходимый свет обеспечивается Божьим Словом.

Пока мы находимся в послушании Божьему Слову в каждой ситуации, мы никогда не собьемся со стези, которую Бог определил для нас. Мы можем не видеть, куда эта стезя ведет нас, но мы смело можем покоиться в уверенности, что в Божье время она выведет нас к исполнению Его плана для нашей жизни.

В одной из книг я написал следующие слова: «Настанут времена, когда окружающий мир будет в кромешной тьме. Мы не сможем видеть дальше нескольких метров. Впереди могут быть нерешенные проблемы. За углом могут быть опасности, но посреди всего этого у нас есть такая гарантия: если мы будем искренне подчиняться Божьему Слову, каким оно явлено нам в данной ситуации, мы никогда не будем ходить во тьме. Мы никогда не станем на обманчивую почву, где мы можем споткнуться, получить рану или разбиться.

Однако, эта гарантия применима только на расстоянии одного шага. Бог не обещал, что мы будем видеть дальше, чем на шаг, хоть Он и может открыть это. Кроме этого, мы можем не иметь никакого понятия, что ждет нас, но это уже не наша забота. Все, что Бог требует от нас, — это сделать следующий шаг простого послушания Его Слову.

Большой опасностью для нас является то, что мы пытаемся всматриваться слишком далеко во тьму. Если мы будем делать это, мы можем пропустить место для следующего шага, которое является единственной освещенной областью для нас в данный момент».

Будьте уверены — послушание Божьему Слову сохранит вас на стезе, ведущей к браку, который Бог запланировал для вас.

## НАПРАВЛЕНИЕ ДЕЙСТВИЯ №2:

*...если же ходим во свете, подобно как Он во свете, то имеем общение друг с другом...*
*(1 Иоанна 1:7)*

Это следует естественно за предыдущим направлением, которое заключалось в хождении во свете Божьего Слова. Следующее направление связано с последствиями хождения в этом свете: «имеем общение (общность) друг с другом». Послушание Божьему Слову автоматически сближает христиан и приводит их к общению и к общности с Господом и друг с другом.

Обратное также верно. Христиане, которые не имеют общности с другими христианами, — не ходят во свете. В их жизни есть определенные сферы, в которых они непослушны Божьему Слову. Единственным исключением могут быть христиане, которые из-за обстоятельств, находящихся вне их контроля, отрезаны от общения с другими христианами. Так было со мной на протяжении нескольких месяцев в североафриканских пустынях. Другим примером являются христиане, заключенные в тюрьму за веру.

Но кроме этих исключений общение и общность с другими верующими являются основополагающими для успеха и прогресса в христианской жизни. Общность — это, как испытание, так и результат хождения в свете Божьего Слова. Если мы не развиваем общности с другими верующими, то с кем тогда мы будем ее развивать? Существует только одна альтернатива — с неверующими. Библия однозначно предостерегает нас в отношении этого:

*Не преклоняйтесь под чужое ярмо с неверными. Ибо какое общение праведности с беззаконием? Что общего у света со тьмою? Какое согласие между Христом и Велиаром? Или какое соучастие верного с неверным? (2 Коринфянам 6:14-15)*

Павел не говорит нам, чтобы мы были холодны или враждебны к нашим ближним неверующим людям. Он просто предупреждает нас, что мы не можем позволить себе устанавливать с неверующими тесные взаимоотношения, которые уместны только с верующими. Несомненно, он имел в виду разнообразные взаимоотношения. Но первое слово, которое он использует, «ярмо», регулярно употребляется для обозначения брачных отношений. Прежде всего, Павел предостерегает, что для христианина заключать брак с нехристианином — всегда неправильно.

Я хочу еще и еще раз подчеркнуть это для каждого христианина, не состоящего в браке, который читает эти страницы: вы не свободны вступать в брак с нехристианином! Вы даже не можете лелеять эту мысль. Твердо решите прямо сейчас, если вы еще не сделали этого, что брак с неверующим находится вне Божьего плана для вашей жизни.

Лучшая защита против неправильных взаимоотношений — правильные взаимоотношения. Следовательно, будьте прилежны, развивая общение и дружбу с верующими. В большинстве случаев брак развивается из существующих взаимоотношений. Если вы построили сильные взаимоотношения с другими христианами, вы даже и не подумаете вступить в брак с нехристианином.

Безопаснее всего решить прямо сейчас, какие взаимоотношения вы будете развивать. Затем утвердите ваше решение перед Господом словами псалмопевца:

*Общник я всем боящимся Тебя и хранящим повеления Твои. (Псалом 118:63)*

## НАПРАВЛЕНИЕ ДЕЙСТВИЯ №3:

*Ибо все, водимые Духом Божиим, суть сыны Божии... (Римлянам 8:14)*

Новый Завет указывает два различных способа, которыми действует Святой Дух, чтобы сделать нас членами Божьей семьи. Сперва, чтобы стать Божьими детьми, мы должны родиться свыше от Его Духа. Затем, чтобы стать зрелыми сынами Божьими, мы должны быть ведомыми Его Духом. Многие христиане, рожденные свыше от Святого Духа, так и не научились следовать за Ним. Следовательно, они не дорастают до духовной зрелости и не воплощают полный Божий план в своей жизни.

Подумайте, как это соотносится с вашей нуждой найти правильного супруга. Предположим, вы живете в Соединенных Штатах, стране с населением более 300 миллионов человек. Из всех этих миллионов Бог готовит одного особого человека, чтобы он стал вашим супругом. Им вполне может быть человек, с которым вы еще не встретились и даже имени которого вы не знаете. Прибавьте вероятность того, что ваш суженый может даже не жить в одной с вами стране (что было в каждом из моих браков). Как найти этого человека? Образ из поговорки об иголке в стоге сена с трудом отображает сложность проблемы.

Божье Слово дает ответ: постоянно быть ведомым Святым Духом. Только Он знает: кому Бог определил быть вашим супругом, кто тот человек и где он находится. Поэтому вы должны научиться позволять Святому Духу вести вас.

Для этого есть два ключевых слова: зависимость и чувствительность. Во-первых, признайте свою полную зависимость от Святого Духа. Если Он не направляет вас, вы упустите Божье предназначение. Развивайте привычку искать Его водительства в каждой ситуации и при каждом решении, маленьком или большом. Иногда решения, которые вы считаете неважными, являются наиболее важными в вашей жизни и наоборот. Поиск водительства Святого Духа не обязательно включает использование большого религиозного словарного запаса в молитве. Часто это значит просто и регулярно обращаться к Нему внутренней мыслью за советом и направлением.

Во-вторых, развивайте чувствительность к Святому Духу. Он не сержант, криком заставляющий вас выполнять приказы. Его подсказки обычно нежные. Он говорит спокойным и тихим «голосом». Если ваше ухо не обращено к Нему, вы не услышите Его.

Позвольте мне посоветовать вам молиться особой молитвой, которой мы с Руфью молимся почти каждый день: «Господь, помоги нам всегда быть в правильном месте в правильное время». Мы молимся так, осознавая, что только Святой Дух может произвести это.

И результаты всегда интересные. Однажды, когда наша дочь Джессика жила с нами в Иерусалиме, мы с Руфью пошли в центр города за покупками. Когда мы шли по главной улице, я сказал Руфи: «Я чувствую, что нам нужно перейти на другую сторону». Мы сделали это и продолжали путь. Через минуту мы столкнулись с одной супружеской четой, которая была дружна с Джессикой. Они были в Иерусалиме только полдня и хотели связаться с ней, но у них не было ни нашего адреса, ни номера телефона.

Между тем Джессика сидела дома и чувствовала, что ей необходимо христианское общение. Благодаря нашей встрече друзья Джессики смогли встретиться с ней и насладиться общением. Этого не произошло бы, если бы мы с Руфью не перешли улицу в тот момент. Кто побудил нас сделать это? — конечно, Святой Дух!

Представьте себя в подобной ситуации. Вы движетесь по улице в поиске места, где можно купить гамбургер. На другой стороне улицы два таких места. В одном из них обслуживанием занимается молодой человек, с которым вы никогда не встречались, но которого Бог готовит стать вашим супругом. Возникает желание остановиться, «что-то» подталкивает вашу руку, лежащую на руле, и вы поворачиваете налево к месту для парковки возле кафе. Внутри вы знакомитесь с молодым человеком, который, как и вы, молился о супруге по Божьему выбору. Через некоторое время вы обнаруживаете, что это было Божье действие для вас обоих.

Кто «подталкивал» вашу руку? — Святой Дух. Но если бы вы не ответили на это «подталкивание», вы могли бы упустить Божий план для вашей жизни. Недостаточно просто молиться. Вы также должны позволять Святому Духу направить вас к ответу на вашу молитву.

Иногда Святой Дух направляет нас драматичными и сверхъестественными способами. В другие времена Он действует через подсказки и «шепот». Мы должны быть открыты и для одного, и для другого. Если мы не открыты для сверхъестественного, то мы ставим существенные ограничения Божьему плану для нас. Возможно, Он запланировал что-то настолько превосходящее наши естественные ожидания, что это может быть явлено нам только сверхъестественно — видением, например, или пророчеством. С другой стороны, если мы ищем только драматичного и сверхъестественного, мы можем упустить тихую подсказку.

Не наше дело заранее решать, как будет действовать Святой Дух. Мы должны быть чувствительны к Нему, как бы Он ни направлял нас.

## НАПРАВЛЕНИЕ ДЕЙСТВИЯ №4:

*Больше всего хранимого храни сердце твое; потому что из него источники жизни. (Притчи 4:23)*

В человеческой личности существует центральная область, решающая нашу судьбу, которую Библия называет «сердцем». То, что царствует в вашем сердце, определит направление вашей жизни. Поэтому вам нужно хранить сердце более внимательно, чем все остальные области вашей личности. Это особенно актуально для импульсов и эмоций, относящихся к сексуальной области.

Прежде всего, постоянно бодрствуйте в отношении того, что вы допускаете в ваше сердце. В нашей современной культуре молодые люди особенно подвержены постоянному давлению различных влияний, подрывающих Библейские устои секса и брака. Они действуют через общественное мнение, обучение в школах, через средства массовой информации, через давление со стороны сверстников и другие средства, которые порой трудно выявить. Если вы собираетесь найти Божий план в вашей жизни, вам необходимо поставить вокруг своего сердца защиту, которая не допускает снисхождения к небиблейским стандартам.

Другое влияние, от которого нужно беречься, — это фантазии. В определенный период юности обычно допускаются долгие времена мечтаний. Не позволяйте этому перерасти в привычку фантазировать. Если вы склонны к этому, твердо противостаньте фантазиям и заставьте себя повернуться к реальности. Иначе вы достигнете точки, где будет трудно различать между фантазией и реальностью. И когда дело дойдет до брака, то у вас уже будет сформирован нереальный, субъективный образ («идеал», а точнее — идол) человека, который подходит вам на роль вашего супруга.

Это может воздействовать на вас одним из двух способов. Во-первых, супруг, которого Бог предназначил для вас, может не соответствовать образу, созданному вашей фантазией, и вы, возможно, будете не склонны принять Божий выбор. Или наоборот, вы можете найти реального человека, похожего на образ, созданный вашей фантазией, и жениться на этом человеке, и только после брака обнаружить, что этот реальный человек совершенно отличается от того, каким вы представляли его себе, и совсем не тот, кого Бог выбрал для вас.

Будьте не менее осторожными и в отношении того, что вы высвобождаете наружу из своего сердца. Не допускайте флирта и поверхностных взаимоотношений с лицами противоположного пола. Возможно вам кажется приятным возбудить чужие чувства и сделать то же со своими, но однажды вы можете обнаружить, что «плотину прорвало», и вы высвободили эмоции, которые не можете остановить. Результатом будет болезненная эмоциональная привязанность к человеку, который не подходит вам в качестве вашего супруга.

Будет безопасным следовать такому правилу: прежде всего найдите супруга, которого Бог избрал для вас, а затем, высвобождайте ваши эмоции к этому человеку. Тогда вам не придется «строить дамбу и останавливать воду».

### НАПРАВЛЕНИЕ ДЕЙСТВИЯ №5:

*Ибо от века не слыхали, не внимали ухом, и никакой глаз не видал другого бога, кроме Тебя, который столько сделал бы для надеющихся на Него. (Исайя 64:4)*

Возможно, вам будет труднее всего принять это: будьте готовы ждать. Исайя говорит нам в вышеприведенном стихе, что во всей вселенной есть только один истинный Бог, и одна из Его отличительных характеристик заключается в том, что Он так много сделает для надеющихся на Него и ожидающих Его.

Не всегда Бог заставляет своих детей долго ждать супруга, которого Он избрал. Некоторые люди встречают своего супруга рано и вступают сразу же в успешный брак, который сохраняется всю жизнь. Это одна из областей, в которой каждый из нас должен преклониться перед суверенностью Бога. Если Он быстро соединяет нас с предназначенным нам супругом, — мы славим Его. Если Он требует, чтобы мы подождали, — мы славим Его так же. Бог обращается с каждым из нас в соответствии с тем, что мы собой представляем, и в соответствии с Его особенным планом для каждой жизни.

Если вы один из тех, от кого Бог требует ожидания, воодушевитесь фактом, что Бог требовал от многих Своих слуг ждать долгое время исполнения Его обетования или предназначения. Авраам до ста лет ждал рождения Исаака, сына обетования. Моисей ждал восемьдесят лет, сорок из них в пустыне, чтобы стать освободителем Израиля. Давид ждал около пятнадцати лет со времени, когда он был помазан на царство, до того, как царство стало его. Израиль ждал своего Мессию много долгих веков. Церковь ждала около двух тысячелетий возвращения Иисуса, и все еще в ожидании.

Бог использует ожидание, чтобы достигнуть различных целей в наших жизнях. Прежде всего, ожидание испытывает нашу веру. Лишь тот, кто действительно верит в Божье обеспечение, готов ждать. Апостол Петр предупреждает нас, что так же, как золото очищается огнем, так и вера очищается испытанием (1Пет.1:6-7). Только вера, прошедшая испытание, принимается Богом, как истинная.

Во-вторых, ожидание очищает наши молитвы.

Если Бог требует, чтобы вы ждали своего супруга, вам нужно спросить себя: почему я стремлюсь к браку? Потому что Бог желает этого для меня или потому что я желаю этого для себя? Движим я Божьей волей или собственными желаниями? Ожидание даст вам ответ на ваш вопрос.

В-третьих, ожидание доводит наш характер до зрелости. Иаков говорит нам:

*...испытание вашей веры производит терпение; терпение же должно иметь совершенное действие, чтобы вы были совершенны во всей полноте... (Иаков 1:3-4)*

Человек, который научился ждать, больше не находится во власти изменчивых настроений и эмоций. Он приобрел уверенность и стабильность. В Божье время эти качества окажутся бесценными при построении крепкого, успешного брака.

## НАПРАВЛЕНИЕ ДЕЙСТВИЯ №6:

*Истинно, истинно говорю вам: если пшеничное зерно, падши в землю, не умрет, то останется одно; а если умрет, то принесет много плода. (Иоанна 12:24)*

Иисус раскрывает принцип, действующий в природе, а также и в жизни Божьих людей. В сокращенном варианте это предупреждение звучит так: будьте готовы пройти через смерть и воскресение.

Так же, как и в предыдущем направлении, это актуально не для всех, кто находит Божий план для брака. В моем случае это было применимо к моему второму браку, но не к первому. Я пишу об этом, потому что на опыте узнал, насколько это важно. После того, как Он свел меня с ней, я знал, что Бог поместил в мое сердце семя любви к Руфи, однако, мне пришлось наблюдать, как оно упадет в землю и умрет. Если бы я не понял и не принял этот принцип, у меня могло бы не хватить веры, чтобы прорваться к «воскресению», которое Бог нам приготовил.

Когда я боролся в то время с тем, что Бог делал в моей жизни, я возопил: «Господь, почему Ты даешь нам что-то и затем говоришь отдать это обратно? Почему столь многое, что Ты благословляешь, должно пройти через смерть и воскресение?» Я почувствовал, что Бог дал мне следующий ответ: *«Потому что когда Я что-то воскрешаю, Я воскрешаю его таким, каким Я желаю его видеть, а не таким, каким оно было первоначально».*

И, несомненно, так было в наших взаимоотношениях с Руфью. Прохождение через смерть и воскресение придало им глубины и стабильности, которых иначе они не получили бы. Если Бог будет проводить вас через такие же испытания, я верю, что наше свидетельство может дать вам необходимое воодушевление.

## НАПРАВЛЕНИЕ ДЕЙСТВИЯ №7:

*Путь глупого прямой в его глазах; но кто слушает совета, тот мудр. (Притчи 12:15)*

*Глупый пренебрегает наставлением отца своего; а кто внимает обличениям, тот благоразумен. (Притчи 15:5)*

Я уже подчеркивал в главе о развитии правильных отношений важность родительского благословения. Это обеспечивает основание для успешного построения в любой области жизни, и в браке особенно. Даже если вы и ваши родители не соглашаетесь полностью во всех вопросах, стоит употребить максимум терпения и самообладания, чтобы получить возможность строить на основании их благословения.

Кроме особого благословения родителей для вас, как для молодого человека, необходимо искать совета благочестивых людей, пасторов и других лидеров церкви, которые старше вас по возрасту и в вере. Такие люди уже исходили дороги, лежащие перед вами. Они знают ловушки и опасности на них. У них также была возможность взобраться на горы и получить таким образом более обширный вид местности. Вы можете извлечь большую пользу, используя их перспективу.

Сегодня среди молодых людей существует тенденция обращаться за советом только к сверстникам. Но советы, которые могут предложить сверстники, основаны в основном на теории или, в лучшем случае, на умственном знании. Им еще нужно доказать на практике, что их теории действительно работают. Искать совета у старших, которые уже достигли успеха в тех сферах жизни, в которых вам нужно направление, — это знак мудрости и смирения. Если вы будете так поступать, это поможет вам оставаться на пути, ведущем к исполнению Божьего плана для вас.

## НАПРАВЛЕНИЕ ДЕЙСТВИЯ №8:

*...разумная жена — от Господа. (Притчи 19:14)*

*Кто нашел добрую жену, тот нашел благо и получил благодать от Господа. (Притчи 18:22)*

В этих притчах переплетены две истины: во-первых, именно Господь дарует разумную жену и, во-вторых, этот дар является знамением Его особого благоволения к тому, кто получил ее. Соломон представляет эти истины с перспективы мужчины, но понятно, что этот принцип действует и для женщины. Для нее также дар хорошего супруга приходит от Господа и является знамением Его благоволения.

Это ведет к важному практическому выводу и для мужчины, и для женщины. Если вы желаете, чтобы Господь дал вам такого супруга, в котором вы нуждаетесь, вы, кроме всего прочего, должны сделать еще одно: стремиться обрести благоволение Господа. Его удовлетворение должно стать вашей наивысшей целью. Подходите к каждой ситуации и принятию решения с одним главным вопросом: «Будет ли это угодно Господу?»

Если вы старательно будете искать, что доставляет Господу удовольствие и удовлетворение, Он, в свою очередь, обеспечит вас тем, что доставляет удовольствие и удовлетворение вам.

Давид описывает такой подход к жизни и реакцию, которую он вызывает у Господа:

*Утешайся Господом, и Он исполнит желание сердца твоего. (Псалом 36:4)*

Если вы находите наивысшее удовлетворение в Боге, Он отреагирует двумя вещами. Во-первых, Он вложит в ваше сердце желания, которые соответствуют Его наивысшей воле для вас. Затем Он направит вас к их исполнению.

Все предыдущие семь направлений действия могут быть суммированы в последнем: сделайте Божье благоволение наивысшей целью жизни, и тогда вы сможете с уверенностью оставить Ему выбор, подготовку и обеспечение вас супругом.

# 7. ПОДГОТОВКА МУЖЧИНЫ К БРАКУ

Переход от неженатого к женатому состоянию является одним из наиболее важных и напряженных изменений, происходящих в жизни человека. Каждый, кто желает успешно совершить его, должен тщательно и внимательно готовиться. Попытка пройти такое изменение без соответствующей подготовки подобна прыжку в воду в глубоком месте без умения плавать. Результаты обычно оказываются катастрофическими!

Каждый, кто готовится изучить сложную современную профессию, нуждается в четкой картине того, кем он собирается стать еще до того, как он начнет подготовку. То же самое относится и к браку. Человек, готовящийся к браку, нуждается в четком понимании тех функций, которые ему или ей придется выполнять.

По объективным причинам подготовка мужчины к браку отличается от того процесса, который необходимо пройти женщине. Далее я укажу главные этапы подготовки, которую, как я считаю, необходимо пройти мужчине. В следующей главе Руфь укажет этапы подготовки для женщин. Мы оба будем говорить, исходя из опыта двух браков.

Каковы функции мужчины в браке? При обычном ходе событий функция мужа является ступенью ко второй, настолько же трудной функции — роли отца. Эти две функции можно объединить под одним названием — глава семьи.

В 1-м Коринфянам 11:3 Павел описывает понятие «главы», связывая его с природой Самого Бога и со взаимоотношениями в Божестве:

*Хочу также, чтобы вы знали, что всякому мужу глава Христос, жене глава — муж, а Христу глава — Бог.*

Павел изображает нисходящую иерархию главенства, которая начинается на небесах и заканчивается в семье: Бог Отец — глава Христу, Христос — глава мужу, муж — глава жене.

В этой системе у Христа и мужа двойные взаимоотношения — с тем, кто находится выше, и тем, кто находится ниже. То есть Христос представляет Бога Отца (стоящего над Ним) мужу (стоящему ниже), а муж, в свою очередь, представляет Христа (стоящего выше) своей жене (стоящей ниже его).

Вот изображенная в Писании ясная картина функции мужа, который также становится отцом: муж представляет Христа для своей жены и своей семьи. Какая большая ответственность и какая священная привилегия!

Как можно подготовиться к тому, чтобы выдержать это огромное испытание?

Центром в жизни Иисуса были Его взаимоотношения с Отцом. Он выражал это разными словами:

*...Сын ничего не может творить Сам от Себя, если не увидит Отца творящего: ибо, что творит Он, то и Сын творит также. (Иоанна 5:19)*

*...видевший Меня видел Отца...*

*Слова, которые говорю Я вам, говорю не от Себя; Отец, пребывающий во Мне, Он творит дела. (Иоанна 14:9-10)*

Подобным образом ваш успех в качестве главы семьи будет зависеть от ваших взаимоотношений с Иисусом. Сделайте Его источником ваших слов и действий. Полагайтесь на Его силу и мудрость в вас, а не на свои собственные силу и мудрость. Позвольте Иисусу являть Себя через вас.

Какие аспекты Его жизни будут наиболее уместны в вас как в муже и отце?

Прежде всего, Иисус — Возлюбленный и Жених Своей Церкви. Все другие Его служения проистекают из глубокого, чистого источника Его любви. Позвольте Ему открыть этот источник в вашем сердце. Не бойтесь быть нежными. Это признание силы, а не слабости:

> *...крепка, как смерть, любовь... (Песни Песней 8:6)*

> *(Любовь) ...все покрывает, всему верит, всего надеется, все переносит. Любовь никогда не перестает... (1 Коринфянам 13:7-8)*

Посмотрите на нежность, с которой Господь обращается к Израилю в Иеремии 31:3: *«...любовью вечною Я возлюбил тебя и потому простер к тебе благоволение»*. Именно нежностью Иисус привлекает Свой народ к Себе. Позвольте Ему вложить в вас меру любви и нежности. Через это Он привлечет вашу невесту к вам так же, как Он привлекает к Себе Церковь.

В нашем современном, энергичном и циничном обществе остается очень мало настоящей нежности. Она стала почти забытым качеством. И все равно в каждой женщине есть нечто, жаждущее ее. Она ответит на нее так же, как цветок распускается навстречу солнцу.

Нежность идет рядом с любовью. Если вы желаете увидеть картину двух людей, соединенных любовью, изучайте Песню Песней. Эта прекрасная книга, которой часто пренебрегают, может научить Божий народ многому о любви, как Божественной, так и человеческой. Я помню, как однажды Лидия заметила: «Всякий раз, когда я чувствую, что меня влечет к Книге Песни Песней, я знаю, что нахожусь на высоком духовном уровне».

За несколько недель, оставшихся до брака с Руфью, я несколько раз прочитал Песню Песней. Я изучал разные части: о возлюбленном, о Суламите, о подругах. Полагаю, что это помогло построить взаимоотношения, которые нравились и Руфи и мне.

Любовь — это не самостоятельное действие. Любовь — это качество, привносимое в другую деятельность, которое делает ее более интересной и удовлетворяющей. Это можно проиллюстрировать таким простым процессом, как потребление пищи.

Любовь — это не дополнительное блюдо, подаваемое в конце еды. Это приправа, добавляемая в каждое блюдо. Она может добавить привкус увлекательности даже таким обыденным делам, как поход по магазинам, поездка в церковь и вечерняя прогулка.

Позвольте мне немного поведать из своего личного опыта. Я помог вырастить девять дочерей разных национальностей. Я был дважды женат. Я знаком с культурами и образами жизни во многих частях земного шара. Я не верю, что в мире существует женщина, которой не нравится, когда ее любят и нежно к ней относятся. Зачем вам нужен унылый брак? Следуйте примеру Иисуса и стремитесь к браку, который будет подобен браку, заключенному Им с Его Церковью.

Другим качеством любви Иисуса является то, что она дающая.

*...Христос возлюбил Церковь и предал Себя за нее... (Ефесянам 5:25)*

Успешный брак должен следовать образцу взаимоотношений Христа и Церкви. Он предполагает, что две жизни полагаются друг за друга. Сначала муж, подобно Иисусу, полагает жизнь за жену. Затем, в свою очередь, жена, подобно Церкви, полагает свою жизнь за мужа. Таким образом, каждый находит новую жизнь в жизни другого. Ключ к таким взаимоотношениям находится в понимании, что брак, описанный в Писании, основан на завете. Об этом моя книга «Завет».

Однако, самоотдача не является чем-то естественным для нашей падшей человеческой природы. Ее необходимо развивать, необходимо вырабатывать ежедневную привычку ее совершать, пока она не станет частью вашего характера. Не ждите вступления в брак, чтобы начать отдавать себя. Начните сейчас, иначе это может привести ко многим ненужным страданиям для вас и вашей жены.

Когда я женился на Лидии, у меня был очень небольшой опыт даяния и принятия в близких личных взаимоотношениях, потому что у меня не было братьев и сестер. Оглядываясь назад, я понимаю, что это вызвало дополнительные проблемы для Лидии и детей. Я благодарю Бога за благодать, которую Он дал всем нам, чтобы мы преодолели эти проблемы. Тридцать три года спустя, когда я женился на Руфи, я сказал ей, что она получила гораздо лучше подготовленного мужа, чем Лидия в начале!

Ваш брак очень выиграет, если вы научитесь уже сейчас отдавать во взаимоотношениях, в которых вы находитесь с окружающими. Если вы продолжаете жить с семьей, отдавайте в маленьких услугах: выносите мусор, даже когда не ваша очередь; помогайте мыть посуду, чтобы ваша сестра могла пойти развлечься с подругой; посидите с младшим братом, чтобы ваши родители могли провести вечер друг с другом.

В церковной жизни также есть много возможностей послужить: посещайте тех, кто вынужден оставаться дома; помойте машину пастора; вызовитесь помыть сцену в субботу утром; помогите вдове или умственно отсталому человеку сделать покупки в магазине. Все эти внешне незначительные дела помогут вам получить что-то от дающей природы Иисуса, и это однажды обогатит ваш брак и сделает вас примером для ваших детей.

Картина Иисуса, как Жениха, в Послании к Ефесянам 5:25-26 подчеркивает еще один важный аспект Его служения — служение Учителя. Он предал Себя за Церковь, *«чтобы освятить ее, очистив банею водною, посредством слова».* Учение Божьего Слова должно сделать Церковь чистой и святой, годной к роли Христовой Невесты.

Вот еще один способ представить Иисуса вашей жене и детям: обеспечьте их таким Библейским учением, которое подготовит их к тому, чтобы быть частью Его Невесты. Если Бог благословит ваш дом детьми, обучение их будет одной из наиболее важных ваших задач.

*И вы, отцы, не раздражайте детей ваших, но воспитывайте их в учении и наставлении Господнем. (Ефесянам 6:4)*

Во многих семьях сегодня Библейское учение часто остается делом матери. Это противоречит Божественному порядку. Несомненно, мать должна сыграть свою роль, но основная ответственность за это лежит на отце. В доме, где только мать дает духовное наставление, сыновья могут прийти к заключению, что Библия — женская книга. Когда они достигнут юности, они вполне могут решить, что матери больше нечего предложить им.

Как вы можете подготовиться к исполнению функции учителя в своем доме? Прежде всего обретите общее знание Библии. Если возможно, посещайте поместную церковь, где дается здравое Библейское учение. Используйте другие возможности: книги, кассеты, семинары, конференции, обучающие радио и телепрограммы т.д.

После этого перейдите к систематическому углубленному изучению великих основных доктрин христианской веры. Вам понадобится это твердое основание для дальнейшего духовного строительства вашего дома. Сосредоточьте внимание на таких книгах, как Евангелие от Иоанна, Послания Иоанна и Петра, Послания к Римлянам, Галатам, Ефесянам, Евреям... Приготовьтесь хорошо поработать!

Одновременно просите Бога привести вас в общение, где вы сможете начать делиться с другими теми знаниями, которые вы получаете. Общение с другими — лучший способ узнать, сколько ты усвоил на самом деле.

Все это подготовит вас к тому, чтобы исполнить функцию учителя в вашем доме. И теперь вы уже будете готовы сами преподавать основные истины. Кроме того, благодаря собственным занятиям вы обнаружите другие источники учения: книги, кассеты, диски, которые сможете рекомендовать своей семье и другим христианам. Держитесь Библейских истин, открытых вам Богом, чтобы строить на этом основании вашу семью.

Со служением Иисуса, как Учителя, тесно связано Его священническое служение в качестве Ходатая. Автор Послания к Евреям говорит нам, что после Своего вознесения Иисус вошел во внутреннее святилище, за вторую завесу, чтобы стать пред Богом Первосвященником, ходатайствующим за нас (Евр.7:25):

*...посему и может всегда спасать приходящих чрез Него к Богу, будучи всегда жив, чтобы ходатайствовать за них.*

Представляя Иисуса вашей семье, вы должны научиться сочетать функцию священника (ходатая) и царя (правителя). Как царь и учитель вы будете представлять Бога вашей семье. Как ходатай вы будете представлять вашу семью Богу. Для вас не существует более высокого служения. Вот некоторые способы, как подготовить себя к этому.

Во-первых, тщательно изучайте Библейские примеры такого служения ходатайства. Некоторые выдающиеся примеры: Авраам ходатайствовал о своем племяннике Лоте и городе Содоме (Быт.18:16-33); Моисей ходатайствовал об Израиле, после того, как они сделали золотого тельца и поклонялись ему (Исх.32:1-14); Моисей и Аарон ходатайствовали об израильтянах, умирающих от язвы (Чис.16:41-50).

Подумайте о том, что Бог говорит в отношении Израиля в Иезекииле 22:30:

*Искал Я у них человека, который поставил бы стену и стал бы предо Мною в проломе за сию землю, чтоб Я не погубил ее, но не нашел.*

Где бы Бог не поместил вас, вы можете научиться быть человеком, «стоящим в проломе» за других.

Вы будете вдохновлены также, если запомните священническое благословение, которое Бог повелел Аарону и его сынам произносить над Израильтянами (Чис.6:24-27). Когда вы станете священником в своей семье, у вас будет образец для благословения ее, что будет одной из ваших наибольших привилегий!

Второй способ приготовления себя к роли священника-ходатая — развивать регулярную молитвенную жизнь (если вы еще не делаете это). Сделайте ее систематичной, посвятите молитве лучшее время. Попросите Бога положить вам на сердце людей, за которых Он желает, чтобы вы ходатайствовали. Это могут быть члены вашей семьи, вашей церкви, сотрудники или другие люди, с которыми вы соприкасались. Вы также должны включить в этот список Божьих служителей, которые помогли вам и помогают другим. Часто полезно написать список людей, о которых вы регулярно молитесь. Примите личную ответственность за них перед Богом.

В-третьих, регулярно участвуйте в молитвенных собраниях. Практика молиться с другими людьми поможет вам преодолеть стеснительность и лучше подготовит вас к должной молитве с вашей женой и детьми. Молитва должна стать такой же неотъемлемой частью вашей семейной жизни, как обеды или игры.

Существует еще одно важное преимущество, проистекающее из обучения служению священнического ходатайства. Оно очень поможет вам в других областях. В действительности, ваш успех в молитвенном служении определит уровень вашего успеха в других областях.

Лучше всего ваша ответственность в качестве представителя Иисуса в вашем доме отражается в понятии: «Глава». А что это говорит о вашей функции на практике?

Позвольте мне ответить вопросом: Какова функция физической головы по отношению к остальному телу? Она выражается в трех степенях: получении сигнала из каждой области тела, принятии решений и указании направления. У каждой части тела есть право сообщаться с головой, голова осуществляет сбор информации, принимает решение на ее основании и затем дает импульс соответствующему действию.

Примите эту простую иллюстрацию к функции главы, которую вы будете нести в своем доме. Во-первых, вы должны быть открыты для общения с каждым членом вашей семьи: открыты каждой нужде, каждой боли, каждой проблеме, каждой творческой идее. Во-вторых, вы должны уметь собирать всю эту информацию и решать, какое действие необходимо предпринять вашей семье, а какое нет. Несмотря на то, что вы получаете информацию от каждого отдельного члена, ваше решение должно служить для наибольшей пользы семьи в целом. В-третьих, приняв решение, вы должны дать действию импульс, требуя от членов семьи его выполнения.

Что потребуется от вас в этом? Прежде всего, чувствительность — возможность фиксировать нужды и чувства других, предвидеть проблемы и опасности, принимать и воплощать конструктивные идеи. Во-вторых, для этого потребуется мудрость в выборе решений, которые будут влиять не только на вашу жизнь, но и на жизнь других. В-третьих, для этого потребуется сильный характер и твердая решимость проследить, чтобы ваши решения выполнялись при участии, если необходимо, других людей.

В 1-м Послании к Тимофею 3:4-5 Павел связывает ответственность пресвитера в церкви с ответственностью мужа и отца в своем доме:

*Хорошо управляющий домом своим, детей содержащий в послушании со всякой честностью; ибо, кто не умеет управлять собственным домом, тот будет ли пещись о Церкви Божией?*

Значение глагола, переведенного как «управлять», — это стоять во главе или впереди чего-то. Это положение мужа и отца. Отец идет впереди своей семьи, он ведет ее. Когда зло или опасность угрожает его семье, он встречает опасность, становясь впереди между своей семьей и тем, что угрожает ей. Все это может быть суммировано одним емким словом: лидерство.

Сегодня почти во всех слоях общества существует нехватка эффективных лидеров. Есть также черные силы (и естественные, и сверхъестественные), которые противостоят такому лидерству и стремятся подорвать его там, где оно возникает. Крупным последствием этого стал угрожающий по масштабам развал браков. Божий план для брака и семьи опирается на восстановление лидерства, изображенного Библией.

Если вы решите быть таким лидером в вашем доме, вы должны заранее вооружиться Божьим всеоружием для встречи врага. Вам прийдется плыть против течения современной культуры. Но в этом разница между живой рыбой и мертвой: живая рыба может плыть против течения, а мертвая — нет.

Библейское лидерство основывается на двух основаниях: ответственности и верности. Обычно это проявляется в делах, кажущихся маловажными и невозвышенными. Но если вы приобретаете эти качества, они могут обеспечить успех в любой сфере вашей жизни. Без них настоящий успех невозможен. Иисус сказал:

*Верный в малом и во многом верен, а неверный в малом неверен и во многом. (Луки 16:10)*

Я помню одного молодого человека (назовем его Артуром), который глубоко окунулся в наркотики и субкультуру, связанную с ними. Затем, он встретил Иисуса и чудесно был освобожден от своих пристрастий. Но способности его ума и крепость воли были почти полностью разрушены наркотиками. Один пастор пригласил Артура пожить в его доме и начал его реабилитацию. Ударение в его наставлениях было на простой формуле: во всем, что тебя просят сделать, ищи помощи Иисуса и будь верным.

Примерно через два года Артуру дали работу в одной фирме. Его обязанности были самыми простыми, даже примитивными: мыть пол, выносить мусор и т.д. Ко всем ним Артур применил формулу своего учителя: ищи помощи Иисуса и будь верным. Постепенно его верность позволила ему продвинуться выше, затем еще выше и каждое продвижение сопровождалось увеличением ответственности. Он вновь становился нормальным членом общества.

После нескольких лет работы в фирме Артур решил, что ему нужно оставить ее и получить специальность. Когда он начал объяснять свое намерение шефу, тот оборвал его: «Ты не можешь уйти! Ты единственный, кому я могу доверять здесь. Оставайся, и я подготовлю тебя, чтобы ты занял мое место, когда я уйду на пенсию».

Артур пожинал жатву, которую он посеял постоянной верностью.

Наблюдения Соломона за верностью многое проясняют. В Притчах 28:20 он говорит:

*Верный человек богат благословениями...*

в то время как в Притчах 20:6 он спрашивает:

*...правдивого* (верного) *человека кто находит?*

Будучи правителем великого царства, Соломон признавал нехватку таких людей. Имея в распоряжении самых лучших мужей Израиля, ему приходилось искать того, кто отвечал бы этому главному требованию — верности.

Сопутствующие друг другу качества ответственности и верности можно развивать почти в каждой ситуации. Верность Богу и ответственность в повседневных делах Иосиф развивал сначала в доме Потифара, затем — в тюрьме. В результате было продвижение по службе. Так происходит практически всегда! На вопрос, где я получил подготовку к служению, иногда я отвечаю так: «Служа медбратом в действующей британской армии в Северной Африке». Я получил академическое образование еще до того, как узнал Господа. Я вообще был перегружен интеллектуально. Что мне было нужно, так это встреча с трудными жизненными ситуациями и принятие ответственности за нужды других.

Целый год в пустыне я был командиром того, что в британской армии называется «расчетом», который состоял из восьми санитаров с носилками. Нашим домом был трехтонный грузовик, который мы делили с двумя водителями. Нас было одиннадцать мужчин, которые жили, ели, спали и разделяли трудности, и были известны в армии под именем "Пионеры Принса".

На протяжении всего этого периода у меня был только один постоянный товарищ — моя Библия. Я всегда носил с собой карманное издание. Всегда, когда не был занят, я читал ее. Я был удивлен, обнаружив, насколько Библия практична. Вновь и вновь она описывала ситуацию, в которой я оказывался или проблему, с которой я сталкивался. Кроме того, она показывала мне Божий ответ. К концу моего пребывания в пустыне у меня было заложено хорошее, сбалансированное знание Библии, которое обеспечивало прочное основание для каждой последующей фазы моего духовного развития.

На протяжении пяти лет пребывания в армии после того, как я узнал Господа, я постоянно являл христианское свидетельство своей жизнью. В вопросах совести я занимал позицию, которая порой вела меня к конфронтации с другими солдатами и вышестоящими офицерами. Когда я демобилизовался, оценка моего характера в моей документации была наивысшей в британской армии — «образцовый». Полагаю, это было важнее любого теологического диплома, который я мог бы заслужить.

Понятно, что ваша жизнь не будет точно похожа на мою. Бог обращается с каждым из нас индивидуально. Благодарение Богу, что Он так поступает. Ни Церковь, ни мир не нуждаются в христианах «массовой штамповки». С другой стороны, есть определенные общие принципы, применимые к большинству из нас.

Прежде всего, безраздельно отдайте себя Богу (мы подробно рассмотрели это в 4-й главе). Затем вы можете сделать следующий шаг — доверить Ему вести вас по пути, который приведет к исполнению Его особого плана для вашей жизни. Вот стих, истинность которого я постоянно наблюдаю в моей жизни (Прит.3:6):

*Во всех путях твоих познавай Его, и Он направит стези твои.*

Во-вторых, рассматривайте каждую ситуацию, в которой вы оказываетесь, как специально приготовленную Богом для обучения вас и развития определенных аспектов вашего характера и личности. Возможно, вы окажетесь в неожиданных и неприятных ситуациях, но не жалуйтесь! Вспомните Иосифа в темнице! Я не могу сказать, что мне нравилась большая часть моего пребывания в пустыне, но я благодарю Бога за то, как Он подготовил меня к тому, что находилось впереди.

В-третьих, изучайте прежде всего Библию. Не позвольте кому-то или чему-то заслонить ее. Стремитесь истолковывать каждую фазу вашей жизни в свете Библии. Вы будете удивлены, сколько света она дает.

В области образования я рекомендую вам соотносить все ваше обучение с направлением жизни, которое, как вы верите, Бог избрал для вас. Лично я против образования ради образования. «Вечный студент» часто в жизни является жалкой фигурой. Соломон, которому Бог дал мудрость, прокомментировал это так:

*...составлять много книг — конца не будет, и много читать — утомительно для тела. (Екклесиаст 12:12)*

Иногда кажется, что ученые степени можно тоже получать без конца!

Ваше духовное развитие должно естественно находить свое наибольшее выражение в упорядоченной жизни общения, предусмотренной для поместной церкви. Там, под должным присмотром старейшин, вы найдете постоянное развитие в трех взаимосвязанных сферах: вашем понимании Божьего Слова, вашей подготовке к служению Богу, а также очищении и укреплении вашего христианского характера. Этот процесс сделает вас Божьим человеком, который *«ко всякому доброму делу приготовлен»*. (2 Тим.3:17), кроме того, подготовит вас к выполнению функции главы в вашем доме.

# 8. ПОДГОТОВКА ЖЕНЩИНЫ К БРАКУ

## С точки зрения Руфи

"Как я могу готовиться к браку?.. Я не знаю, сделает ли вообще кто-то мне предложение?.. Я не знаю, за какого человека я могла бы выйти замуж... Все взаимоотношения, которые я когда-либо имела, закончились крахом... Нет ни одного неженатого христианина, отвечающего моим ожиданиям... Выходить замуж — значит рисковать... Я вижу мало хороших браков, даже в церкви... Стоит ли готовиться, если это никогда не произойдет? Я не хочу тратить жизнь на ожидание и поиски..."

Все это говорили мне незамужние женщины. Каждый из доводов является веским. Сегодня они сталкиваются с обстоятельствами и проблемами, характерными для нашего века. Со дней Евы и вплоть до нашего времени, судьба женщины была предопределена: либо она выходила замуж и растила своих детей, либо, если никто ее не выбирал, она оставалась в расширившейся семье и помогала другим. Это радикально изменилось в сравнительно недалеком прошлом с приходом женской эмансипации.

Несомненно, женская эмансипация принесла много пользы. Огромное множество женщин было освобождено от эксплуатации и уз, которые в некоторых случаях могли быть классифицированы как рабство. К сожалению, в эмансипации столько же минусов, сколько и плюсов: количество разводов стремительно взмыло вверх, количество браков уменьшилось, миллионы детей были нежеланны и нелюбимы, качество семейной жизни ухудшилось, и поэтому множество женщин остались несчастными.

Перед лицом всего этого современной девушке трудно осознать, как подготовиться к браку. В предыдущих поколениях матери и бабушки постоянно обучали своих дочерей и внучек. Но такое сегодня является редкостью. Женщина, чей брак не удался, не может на своем примере учить свою дочь. Часто у самой матери не было правильного обучения, потому что брак ее матери также был неудачным. Более того, у женщины, проработавшей весь день, чтобы заработать на жизнь, часто остается мало времени и энергии для обучения своей дочери умению вести хозяйство.

Частью естественной подготовки к браку является наблюдение внутри семьи функции обоих супругов и нормальных взаимоотношений между отцом и матерью. Девочка, которая выросла в разрушенной семье, не может наблюдать свою мать в роли жены. Если отец не бывает с семьей, она лишена возможности близкого и естественного общения с мужчиной. Девочка нуждается в заботе и восхищении своего отца, когда она начинает двигаться к зрелости, как для самооценки, так и для подготовки к отношениям с мужем.

Вместо получения практической подготовки к браку девочка нынешнего поколения бомбардируется гуманистическими и феминистическими философиями через школу, в которую она ходит, через фильмы и телевизионные программы, которые она смотрит, через журналы, которые она читает. Ее учат, как быть привлекательной; от нее ожидают, что она будет готовиться к карьере; ей предлагают многочисленные возможности для образования, но не обучения тому, как преуспеть в качестве жены.

Вы можете спросить: может ли вообще женщина подготовиться к браку? В обществе, которое так изменилось, стоит ли вообще пытаться подготовиться к семейной жизни? Может быть, ей просто следует воспользоваться представившейся возможностью?

Я отвечу так: для тех, кто готов потратить время и усилия, готов «заплатить цену» — подготовка к браку принесет множество вознаграждений. Выйдет ли женщина в результате замуж или нет, — в любом случае подготовка к браку позволит ей найти понимание и полноту Божьего плана в ее жизни.

Более того, результаты не ограничиваются жизнью на этой земле. У Бога до начала времен был план подготовить Невесту для Своего Сына, Господа Иисуса. Библия показывает яркую картину конца этого века: брачную вечерю Агнца. За много лет до того, как я начала готовиться к браку с Дереком, я была вдохновлена и мотивирована последней фразой в Откровении 19:7:

*И жена Его приготовила себя.*

Господь явил Себя мне, когда я была сорокалетней разведенной женщиной и исполнил меня огромной любовью к Себе. Я поражалась, что Он мог так любить меня, что Он принял меня такой, какой я была, что у Него был особый план для моей жизни. Однако в этом месте Писания я увидела, что Его план для меня состоял не просто в том, чтобы дать мне временное счастье. Он желал разделить со мной вечность! Моя ответственность состояла в том, чтобы подготовить себя быть частью Его Невесты.

Это дало мне совершенно новый взгляд на мое незамужнее состояние. Развитие моего характера и попытки жить плодотворной и наполненной жизнью не были самостоятельными целями, но являлись путем к чему-то гораздо большему. С этого времени я обнаружила сверхъестественное наполнение в служении моему возлюбленному Господу всем моим сердцем.

Через несколько лет Он удивительным образом неожиданно привел Дерека в мою жизнь, и вскоре я стала готовиться к браку с моим земным женихом. (Я рассказываю об этом в 12-й главе.) Я обнаружила, что те же качества, которые делают женщину угодной для Господа, сделают ее угодной и ее супругу.

Если вы будете подходить к браку на земном уровне с сердцем, обращенным к Господу Иисусу, помня, что ваше окончательное предназначение — быть частью Его прекрасной Невесты, тогда вы получите не только временное счастье, но и вечное блаженство. Подготовка к земному браку также подготовит вас и для Иисуса.

Главная моя цель в этой главе, обращенной к женщинам, заключается в том, чтобы помочь вам увидеть вашу цель более четко и способствовать превращению в ту женщину, которая дополнит и сделает совершенным мужчину, для которого Бог сотворил вас.

Я предложу вам испытанные практические шаги, взятые из Писания, а также из опыта моего и других женщин. Эти шаги должны улучшить качество вашей жизни как незамужней женщины, учитесь ли вы еще в школе, живете ли со своей семьей или работаете, обеспечивая себя. Они могут быть применимы к любой вашей ситуации: если вы незамужем, если вы вдова или разведены, если вам 14 лет или 54 года. Свойства характера не зависят от возраста.

В моем случае я активно занималась карьерой и воспитывала детей, когда начала готовиться к браку. Позже я стала служителем Господа в Иерусалиме, но применяла те же принципы. Я надеюсь, что предложенные мною шаги подтолкнут вас к поиску способов построения характера и улучшения личности, которые подходят именно вам. Мои двенадцать шагов ни в коем случае не являются исчерпывающими!

Прежде всего давайте подумаем, какой Бог видит женщину. До ее создания Он описал ее так:

*...сотворим ему помощника, соответственного ему* (мужчине). *(Бытие 2:18)*

Природа женщины находит выражение и естественность в помощи.

На протяжении всей Библии Бог продолжает дополнять Свой образ женщины. Я составила список из двадцати шести качеств помощника на основании своего изучения. Многие женщины думают, что Библия — мужская книга, о мужчинах и для мужчин. Но я нахожу, что она наполнена практическими указаниями и вдохновением для каждого человека и каждой сферы жизни.

Качества помощника:

Общие: мудрая, добрая, верная, прилежная, трезвомыслящая, заслуживающая уважения, достойная доверия, смелая, щедрая.

Дома: трудолюбивая, внимательная, сильная, умелая, заботливая (о доме и семье), обязательная.

Женские: скромная, чистосердечная, кроткого и тихого духа, бесценная, доверяющая.

Духовные: молящаяся, пророчествующая, служащая, посвященная, боящаяся Господа.

Интересно, что только шесть из этих двадцати шести качеств относятся к дому, и только одно (заботливая о доме и семье) ограничивается домом. Иными словами, вы можете развивать их еще до того, как у вас будет собственный дом, и применять их, станете вы домохозяйкой или будете работать. Попросите Святого Духа указать вам, какие из этих качеств наиболее важны для вас в настоящее время, и начните искать способы внедрения их в ваш характер.

И вот мои двенадцать шагов:

## 1. ПРИГОТОВЬТЕСЬ БЫТЬ ПОМОЩНИКОМ.

Когда Бог сотворил женщину, Он имел для нее определенную цель. Он сделал ее отличной от мужчины, с отличной от него функцией. Он создал женщину как *«помощника, соответственного (мужчине)»* (Быт.2:18). Мне кажется, что некоторые из главных проблем этого века непосредственно связаны с невыполнением женщинами своей функции. Миллионы женщин не могут исполнить предназначение, для которого они были созданы.

Я сама могу свидетельствовать об этом. Как деловая женщина, я была весьма успешна. И до, и после окончания колледжа, каждая перемена места работы была для меня продвижением вверх. Я была школьной учительницей, личным секретарем, начальником офиса, исполнительным директором, администратором в Администрации штата Мэриленд, ответственной за годовой бюджет в два миллиона долларов. Но я никогда не была полностью удовлетворенной. Только когда я вышла замуж за Дерека, я действительно нашла глубокое удовлетворение, которое проистекает из выполнения роли помощника, для которой Бог меня создал.

Однако, оглядываясь назад, я поняла, что мне нужен был весь этот опыт, чтобы я стала помощником Дерека. Эти годы не были потерянными. Это были годы подготовки.

Если вы желаете стать успешной, вы должны принять факт, что Бог не изменил Своих стандартов и Своих намерений. Вы должны принять решение в своем сердце, что вы желаете быть тем, кем Бог создал вас быть. Только тогда вы начнете думать, как достичь этого. Вы не начинаете с поиска партнера, вы начинаете с себя!

Пока вы не выйдете замуж, вы не можете узнать, каким точно помощником вам необходимо стать.

Занятия и темперамент вашего мужа определяют это. Однако основной способ, как жена обычно помогает мужу — это созидание для него дома. Это действительно так, несмотря на профессию мужа и тот факт, работаете вы или нет.

Обычно жена ходит по магазинам, приносит домой еду, готовит и подает ее. Она стирает и поддерживает чистоту в доме. Она отвечает за должное его украшение. На протяжении лет, когда дети маленькие, большая часть ее деятельности сосредоточена дома. Женщина отвечает перед Богом и мужем за формирование характера малышей, доверенных ей.

Именно из дома муж идет в мир, чтобы либо преуспевать, либо потерпеть неудачу; найти либо исполнение планов, либо их крушение. Жена, создающая атмосферу любви и воодушевления, мира и стабильности, может ожидать участия в благословениях и наградах, получаемых ее мужем.

Является ли домашняя работа интересной и захватывающей, или скучной и унылой, зависит от вашего отношения. Современные приборы и кухонное оборудование могут либо «освободить» вас от домашней работы, либо подтолкнуть к новым высотам изобретательности. Если вы подготовите свое отношение сейчас и будете рассматривать свой будущий дом как средство выражения любви и благодарности Богу и вашему мужу, — вы сделаете первый шаг к тому, чтобы достигнуть цели и стать счастливой преуспевающей женой. Другие аспекты вашей функции помощника разовьются, когда вы будете учиться действовать со своим мужем, как одна команда.

Жена, занимающаяся карьерой или работающая для поддержания семьи, всегда будет разрываться между своей главной функцией помощника и этим побочным занятием. Совмещение этих двух функций будет бесконечным испытанием. Я дам вам один совет: четко определите свои приоритеты и делайте все, что в ваших силах, чтобы главное было у вас всегда на первом месте.

Жена, изображенная в Притчах 31:10-31, является примером женщины, которая имеет видение и желает служить помощником своему мужу. Это деловая женщина, которая настолько успешно справляется с семейными делами, что ее муж имеет возможность занять место в руководстве городом. Она продает и покупает. Она простирает щедрую руку к бедным. Она говорит с мудростью. И сердце ее мужа *«уверено в ней»* (ст.11).

## 2. РАЗВИВАЙТЕ СВОИ ВЗАИМООТНОШЕНИЯ С ГОСПОДОМ.

У вашего Небесного Отца есть для вашей жизни план, Его воля является *«благой, угодной и совершенной»* (Рим.12:2). Вы можете быстрее войти в этот план, решив приближаться к Богу и слушать каждый день, что Он говорит лично вам. Если у вас еще нет близких взаимоотношений с Господом, вам необходимо учиться, как приближаться к Нему во время вашего ежедневного общения с Ним в молитве.

Я хочу подчеркнуть, что не существует определенной схемы, которая подходит всем. Все мы разные, все мы относимся к Богу в соответствии с особенностями нашей личности. Но я хотела бы рассказать о моем личном опыте, который я получила за годы до брака с Дереком. Возможно, один из моих примеров будет как раз тем, что укажет вам правильное направление.

Я предполагаю, что вы уже пережили рождение свыше, и что вы уже сделали полное и безоговорочное посвящение своей жизни Господу. Если вы еще не сделали этот первый важный шаг, то я советую вам повременить читать эту главу дальше и вернуться к 4-й главе «Врата»...

Если вы посвятили свою жизнь Господу и Его славе, то вот семь моих предложений вам:

1. **Помните, что взаимоотношениям нужно посвящать время.** Мы должны желать проводить время с Господом, поклоняться Ему, читать Его Слово, молиться, ждать Его. Без этого мы никогда не сможем развиться полностью. Существует слишком много «остальных христиан» — драгоценных душ, которые вошли в новую жизнь, где все ресурсы Божьи нам доступны, но которые так и не дисциплинировали себя, чтобы стать причастниками этого богатства. Помните, что никакая женщина не может дать мужу больше, чем есть в ней. Вся женская красота и весь ее потенциал никогда не будут реализованы если она недоразвита или неразвита духовно. Время положить твердое основание, на котором вы будете строить всю свою жизнь, незамужнюю или замужнюю. И это основание — личные отношения с Иисусом Христом.

2. **Посвящайте Богу лучшее время.** Для большинства из нас это рано утром до того, как мы столкнемся с миром. Незамужние женщины могут научиться концентрироваться на Иисусе, нашем Небесном Женихе. Если мы увидим Его таким образом, мы не можем не сделать выражение нашей любви к Нему нашим главным делом. Почти с того дня, когда я встретила Иисуса в 1970 году, я завела привычку не говорить с кем-либо до тех пор, пока я не поговорю с Господом. Он помогает мне подготовиться ко дню. Даже если я должна была выезжать на работу в 7.30 утра, я вставала в 5.00, чтобы не обделять общением Господа.

3. **Начинайте с благодарения и хвалы.** Я начинаю каждый день, благодаря Его за любовь ко мне, за Кровь Иисуса, за красоту творения, за привилегию служить Ему. Я обращаю к Нему мое лицо, открываю уста и пою. Он говорит:

*...покажи мне лице твое, дай мне услышать голос твой; потому что голос твой сладок и лице твое приятно. (Песня Песней 2:14)*

Наши отношения очень личные. Я не великая избранная, но Господу приятно, когда я пою Ему. Я запоминаю песни с кассет прославления. Обычно я беру с собой тонкий сборник гимнов и заучиваю их, даже когда делаю макияж. У меня разнообразный репертуар, который использует Святой Дух.

4. Читайте Библию перед молитвой. Мы воздаем Богу честь, позволяя Ему говорить нам до того, как мы начнем говорить Ему. Я закладываю Библию в двух местах, читая из Нового Завета утром и из Ветхого Завета вечером. Периодически мне требовалось больше закладок, когда я читала каждый день исторические книги, Псалмы, пророков и Новый Завет (для которого мне понадобилось три закладки).

5. Составляйте молитвенный список, особенно если вы молитесь одни. Это помогло мне сконцентрироваться и держаться цели. Я составляла простой список имен и ситуаций, сгруппированный по именам и ситуациям: например, о спасении, об исцелении, о водительстве и направлении, о духовных лидерах, о конкретных частях Церкви, о странах. Одно важное указание: не посвящайте все свое молитвенное время проблемным людям. Молитесь также о тех, кто делает большой вклад в Царство Божье. Мы с Дереком полагаемся на ежедневные молитвы других людей в Теле Христовом; мы каждый день благословляем их в наших личных молитвах.

Когда я молилась сама, я также вела простой блокнот с местами Писания, которыми Господь говорил мне в особые времена, и пророческими словами от Господа. В трудные дни и долгие месяцы, когда я была полуинвалидом, они были постоянным источником воодушевления. И еще: не стесняйтесь молиться о себе. Не вязните в своих проблемах, но просите Бога помочь вам победить в сферах, где есть проблемы. Он готов услышать и помочь, потому что Он желает нашего преображения в образ Его Сына.

6. Не ограничивайте Господа молитвенным временем. Я постоянно общаюсь с Господом, каналы связи всегда открыты. Когда я одна, то слушаю кассеты с записями Писания и Библейского учения, так что я никогда не одинока. В свободное время я заполняю свой ум местами Писания или читаю духовную литературу. Я научилась общаться с Господом особенным образом, когда мои руки заняты, но мой ум сравнительно свободен, — когда я мою посуду, глажу, занимаюсь своей внешностью, веду машину... Все эти привычки, установившиеся в моей незамужней жизни, обогатились и продолжают обогащаться и развиваться в моем браке.

7. Убедитесь, что Бог в вашей жизни стоит на первом месте. Бог ненавидит теплоту. «Но как ты тепл, а не горяч и не холоден, то извергну тебя из уст Моих». (Откр.3:16). Кто-то сказал: «Если ты когда-то был к Иисусу ближе, чем сегодня, ты — отступник». Люди отпадают маленькими, почти незаметными шажками. Проверяйте себя, чтобы этого не произошло. Дорога назад к Господу длинная и трудная, и немногие проделали ее. Не теряйте того, что имеете!

## 3. РАЗВИВАЙТЕ ПОСВЯЩЕНИЕ И ВЕРНОСТЬ.

Вы не можете начать практиковать посвящение и верность в тот день, когда вы выйдете замуж. Если до этого вы не отдали себя от сердца Господу, а после этого какому-то делу, вы не будете готовы отдать себя и вашему мужу.

Если вы работаете, посвящены ли вы вашему делу? Или вы «наемница», считающая часы и ищущая предлога, чтобы сделать перерыв? Если вы живете со своей семьей, ответственно ли вы выполняете ваши обязанности, или вам всегда нужно напоминать? Когда вы даете обещание, всегда ли вы сдерживаете его, или вы находите предлог, чтобы нарушить его? Посвящены ли вы своей церкви и молитвенной группе? Можно ли на вас положиться? Претворяете ли вы в жизнь проекты, участвовать в которых вызвались?

Прочтите притчу о сеятеле в 13-й главе Евангелия от Матфея и примите решение быть почвой, принявшее посеянное семя для доброго урожая.

## 4. РАЗВИВАЙТЕ УВАЖЕНИЕ К СЕБЕ.

Многие женщины выходят замуж не за тех мужчин или терпят неудачу в своем браке, потому что они недостаточно высоко оценивают себя. Вы — дите Божие.

Иисус оценил вас так высоко и возлюбил вас так сильно, что умер за вас! Новый Завет и Псалтырь полны мест, призывающих верующих видеть себя так, как видит их Бог. Потратьте некоторое время на их заучивание, чтобы они всегда были в памяти. Вот некоторые из них:

*Мы же все, открытым лицем, как в зеркале, взирая на славу Господню, преображаемся в тот же образ от славы в славу, как от Господня Духа. (2 Коринфянам 3:18)*

*...ибо в Нем обитает вся полнота Божества телесно, и вы имеете полноту в Нем, Который есть глава всякого начальства и власти... (Колоссянам 2:9-10)*

*...потому что Бог производит в вас и хотение и действие по Своему благоволению. (Филиппийцам 2:13)*

*Ибо мы — Его творение, созданы во Христе Иисусе на добрые дела, которые Бог предназначил нам исполнять. (Ефесянам 2:10)*

Первейшая атака сатаны, направленная против христиан — обвинение. Затем — уныние. Лучший ответ на это, так же как и у Иисуса — Божье Слово. Во время чтения или молитвы Святой Дух может указать области, где вам надо измениться или что-то исправить. Если это случится, не поддавайтесь осуждению или саможалости. Просите Господа помочь вам и употребите свою волю.

Если вы нуждаетесь в освобождении от злых духов или если над вами тяготеет проклятие, которое не было разрушено, попросите о духовной помощи. Кого Сын освободит, тот истинно свободен будет! (Иоанн 8:36).

Важным результатом развития вашего уважения к себе будет то, что вы сможете воодушевлять и поддерживать своего мужа. Таким образом вы сможете помочь ему развить свой потенциал в полноте. Мало кто может развиться сверх ожиданий своей жены. Мнение жены чрезвычайно важно для успеха мужа.

Жена, которая видит весь потенциал своего мужа, может воодушевлять его, молиться о нем и затем с удовольствием наблюдать, как Бог будет совершенствовать его.

## 5. БУДЬТЕ ГОТОВЫ УЧИТЬСЯ.

Еще один взгляд на образ жены из 31-й главы Книги Притч должен воодушевить вас развиваться в возможно большем количестве областей. Если вы учитесь, то позаботьтесь о том, чтобы уделять время практическим навыкам: шитью, приготовлению пищи и питанию, заботе о детях, ведению хозяйства, украшению дома, уходу за цветами, рукоделию, вышиванию. Позвольте Святому Духу вести вас и в других, возможно, специфических областях: хореографии, музыке, фотографии, лепке, резьбе и т.п. Он точно знает, что понадобится вам, чтобы стать помощником вашего мужа. (Вы даже можете встретить своего мужа, занимаясь одним из этих дел!) Не недооценивайте значение спорта и других физических упражнений для своего здоровья.

Если вы уже работаете и у вас не было возможности приобрести такие практические навыки, сделайте это приоритетным для себя. Наведайтесь в местный центр образования для взрослых, найдите опытную домохозяйку, которая согласилась бы сделать вас своей ученицей и помощницей на один-два вечера в неделю... Одним словом, будьте инициативной! Если вы будете оттягивать свою подготовку, то сами можете стать причиной отсрочки встречи своего супруга. Бог желает, чтобы вы были подготовлены!

Поскольку вы будете ответственны за заботу о детях, вам нужно узнать как можно больше заранее. У большинства молодых женщин есть возможность посидеть с чужими детьми и приобрести опыт; курсы по раннему развитию детей могут дополнить эти практические навыки.

Тщательно избегайте пассивных занятий, которые оставляют вас пустыми, а ваши чувства притупленными, особенно телевидения! Вы прекрасное творение с Божьей жизнью внутри.

Вы никогда не сможете восстановить потерянный день или потерянный час. Конечно, расслабляйтесь, но расслабляйтесь способами, которые будут назидать вас. Пользуйтесь своим временем мудро. По мере увеличения вашей ответственности, ваше свободное время будет уменьшаться. Сейчас у вас есть возможность посвящать время занятиям, которые будут приносить дивиденды всю вашу жизнь, пройдет она в браке или нет.

## 6. СТРЕМИТЕСЬ СЛУЖИТЬ.

Для женщины нет лучшего способа выразить любовь к своему мужу, чем служение ему. То, как она служит ему, будет зависеть от его характера и рода деятельности, но любящая жена будет изучать своего мужа и учиться предвосхищать его нужды еще до того, как он скажет о них. Ведение домашнего хозяйства, как выражение вашей любви к мужу и как служение ему, удалит серость рутины из вашей жизни.

Как вы можете заранее приготовиться к служению вашему мужу? — служа другим с радостью в сердце! Мы с Дереком на протяжении всего нашего брака были благословлены рядом молодых женщин, помагавших нам у нас дома. Я наблюдала, как они расцветали, когда увеличивалась их уверенность в своих способностях. Слова Иисуса в Луки 16:10-12 очень подходят для незамужних женщин:

*Верный в малом и во многом верен, а неверный в малом неверен и во многом. Итак, если вы в неправедном богатстве не были верны, кто поверит вам истинное? И если в чужом не были верны, кто даст вам ваше?*

Если вы хотите служить другим, будьте верны в малом, будьте верны и в отношении имущества других, и Бог в Свое время даст вам ваше.

Не ограничивайтесь стандартными областями служения — посещением больных и выполнением добровольной работы в церкви. Это важно, но ищите также области, которые в то же время разовьют и утвердят ваши способности.

Попросите Господа показать вам те способности, развитие которых подготовит вас к тому, чтобы быть хорошей помощницей будущему мужу. Несомненно, они не будут ограничиваться только ведением хозяйства. Одна из самых счастливых жен, которых я знала, обрадовалась, когда она смогла стать бухгалтером своего мужа после того, как он начал свое дело. И это благодаря тому, что она получила подготовку ранее. Другая знакомая — жена пастора — является дизайнером и портнихой для себя и своих дочерей. Своими искусными руками она может воспроизводить идеи, которые она видит в произведениях известных модельеров. Ее муж принимает комплименты о прекрасных доме и семье, и благословляет их в свою очередь.

Несколько лет назад мы с Дереком приступили к строительству дома в Иерусалиме. Наша жизнь была очень активной и занятой, и я просто выкраивала время и силы, чтобы продумать и приобрести обстановку дома, и руководить всем этим, находясь на расстоянии 6000 миль. Я получила необходимые навыки много лет тому назад, но считала их маловажными. Мое отношение изменилось благодаря одной фразе, произнесенной Дереком: «Возможно, это часть твоей подготовки к вечности; возможно, Господь пожелает, чтобы ты украсила одну из галактик!» Теперь, когда мы наслаждаемся нашим домом, я постоянно благодарю Бога за то, что смогла сделать его прекрасной и мирной обителью, где мы можем молиться и писать. Когда вы начинаете рассматривать свое служение как подготовку к вечности, вся ваша перспектива изменяется!

Каждый день поступайте с другими, как вы хотели бы, чтобы поступали с вами. Большая часть искусства служить — это просто «старомодные» хорошие манеры. Это значит учитывать интересы других и помнить о них. Одни из самых приятных молодых людей, которых я встречала, в свое время служили официантами.

Могу честно сказать, что для меня занятие, доставляющее наибольшее удовольствие, — это служение Дереку. Даже еще до нашего брака я начала искать способы, как я могла бы облегчить его бремена. За время нашего брака я научилась брать на себя ответственность за все практические детали повседневной жизни. Я пытаюсь как можно больше упростить жизнь для него, будь мы дома, или в поездках. Во время путешествий я вожу в своем чемодане множество приспособлений и вещей, создающих для Дерека комфорт во всевозможных ситуациях.

Мы до сих пор посмеиваемся, когда вспоминаем случай в Лондонском аэропорту, произошедший несколько лет тому назад. Мы направлялись в Белфаст, поэтому наш багаж тщательно досматривали. Офицер службы безопасности в удивлении покачал головой, когда увидел упор для двери (у нас было несколько случаев, когда хозяйский ребенок без стука врывался в нашу комнату) и мою пробку для ванны (по крайней мере, в одной из четырех гостиниц пробки для ванны пропускают воду).

Когда очередь дошла до заварного чайника, офицер больше заинтересовался нами. Я объяснила, что за пределами Британии большинство отелей не обеспечивают чайниками в комнатах, и поэтому я всегда вожу с собой чайник, чтобы приготовить чашку утреннего чая моему мужу.

Наконец, он открыл маленькие холщовые мешочки с сушеными фруктами и орехами и спросил: «Леди, а это зачем?» Я объяснила, что иногда в гостиницах нет обслуживания в номерах, и я стараюсь всегда иметь что-то под рукой на случай, если мой муж голоден. Он закрыл мой чемодан, посмотрел на меня и сказал: «Вы самая подготовленная дама, которую я когда-либо встречал!»

Я пытаюсь делать для Дерека только то, чего не может сделать кто-то другой. Все остальное я перепоручаю. Если я занимаюсь слишком многим, я не могу быть достаточно мобильной, чтобы моментально оказываться рядом при необходимости. Важной частью моих обязанностей является защита его от ненужных вторжений и от людей, которые необоснованно посягают на его время.

## 7. СТРЕМИТЕСЬ К ТОМУ, ЧТОБЫ ЖИТЬ ПРИОРИТЕТАМИ ВАШЕГО МУЖА.

Версия «Живая Библия» говорит в 1-м Петра 3:5 о *«благочестивых женщинах прошлого, которые верили Богу и сообразовывались с планами своих мужей»*. В обязанности жены входит быть гибкой, готовой приспособиться к нуждам мужа, потому что он глава (1Кор.11:3). Он определяет, как их жизни будут протекать вместе. Жена должна быть царицей в доме, но муж — царь!

Я восхищаюсь Ревеккой, которая оставила дом, семью и свою культуру, чтобы идти с чужим слугой в неизвестность и выйти замуж за человека, с которым она раньше не встречалась. Она продемонстрировала веру и приспособляемость к обстоятельствам. Я также восхищаюсь Сарой, которая оставила безопасность Ура, чтобы большую часть своей жизни странствовать в шатрах со своим мужем. Рождение ребенка в 90 должно быть потребовало существенного изменения в ее образе жизни!

Гибкость нужна не только при больших изменениях, но и в мелочах повседневной жизни. Я была «жаворонком», а Дерек — «совой». Но по благодати Божьей я изменилась так, что мы оба смогли жить по одному расписанию. Я также научилась спать днем вместе с ним, таким образом, у нас каждый день, как два дня.

Также у нас три образа жизни: один — у нас дома в Иерусалиме, где мы живем спокойно, проводя много времени в ходатайстве и написании; второй — во Флориде, где участвуем во многих мероприятиях служения Дерека Принса и церкви, где Дерек является пресвитером; и третий — когда мы несколько месяцев в году путешествуем, занимаясь служением. Я благодарю Бога каждый день, что я научилась быть гибкой до того, как вышла замуж за Дерека! Было бы слишком поздно, если бы я ждала брака, чтобы научиться этому.

Я встречала некоторых молодых женщин, которые меняли свои прически, стиль одежды, способ приготовления пищи, свои интересы, когда они приспосабливались к желаниям своих мужей. Угождение вашему мужу принесет вам гораздо больше благословений, чем угождение себе.

## 8. УЧИТЕСЬ МОЛИТЬСЯ И ХОДАТАЙСТВОВАТЬ О ДРУГИХ.

*...Всякою молитвою и прошением молитесь во всякое время духом, и старайтесь о сем самом со всяким постоянством и молением о всех святых и о мне... (Ефесянам 6:18-19)*

Бог ищет ходатаев. Проводите каждый день время с Господом, просите Его показать вам, что у Него на сердце, о чем вы можете молиться. Когда вы научитесь ходатайствовать, у вас не будет недостатка в темах. Бог приведет вам на ум людей и ситуации. И люди будут просить ваших молитв.

Существует два дополнительных плюса для незамужних женщин, которые являются ходатаями. Во-первых, это отвлекает их внимание от них самих, их проблем и их одинокого положения (если это для них является проблемой). Во-вторых, это подготавливает их к ходатайству об их мужьях.

Я знаю двух молодых женщин, чьи мужья были хорошими, но не выдающимися людьми. И вот они начали молиться о своих мужьях и ходатайствовать о них два-три часа ежедневно. Два года спустя оба были необычайно успешными: и преуспевающими духовно, и в своих карьерах. Большая часть успеха вашего мужа будет зависеть от вашей способности ходатайствовать.

Попросите Бога соединить вас для молитвы с другой незамужней женщиной, имеющей тот же образ мыслей.

*Истинно также говорю вам, что если двое из вас согласятся на земле просить о всяком деле, то, чего бы ни попросили, будет им от Отца Моего Небесного. (Матфея 18:19)*

Практика молитвы с партнером подготовит вас к гармоничной молитве с вашим мужем.

Я чрезвычайно обязана двум дорогим датским сестрам в Иерусалиме, которые вместе ходатайствуют в чудесной гармонии. Однажды они навестили меня, когда я несколько месяцев была инвалидом. Они по вдохновению молились, чтобы Бог дал мне партнера по молитве. Немногим больше, чем год спустя, я вышла замуж за Дерека. На их молитву пришел ответ, которого никто из нас не ожидал!

## 9. НАУЧИТЕСЬ ЗАБОТИТЬСЯ ДОЛЖНЫМ ОБРАЗОМ О СВОЕМ ТЕЛЕ.

Большинство молодых женщин относятся к своим телам легкомысленно. Если они свободны от больших медицинских проблем, они безжалостно тратят свои силы. Мне было 32 года, когда моя свекровь поучала меня: «Ты должна научиться сохранять свое здоровье. У тебя оно будет не всегда». Я смеялась, ведь я была такой сильной. Но через шесть лет я пожалела, что не слушала. С каждым десятилетием все труднее восстанавливать здоровье. Бог сделал несколько чудес для меня, начиная с 1968 года, но все равно мне нужно уделять внимание питанию и упражнениям, чтобы исполнить мое призвание в Боге.

Бог обратился к Дереку более двадцати лет тому назад: «*Если ты желаешь исполнить служе-*

*ние, которое Я имею для тебя, тебе понадобится сильное, здоровое тело, а ты набираешь слишком много веса».* Не каждый получает именно такое личное наставление, тем не менее это относится к вам и ко мне. Нам нужны сильные, здоровые тела, чтобы исполнить Божий план для нашей жизни.

Сегодня мы знаем, что любовь не выражается в том, чтобы давать нашим мужьям и детям конфеты, роскошные десерты или даже большие сочные отбивные. За последние пятнадцать лет произошел огромный сдвиг в сторону натуральной пищи от белого сахара, белой муки, красного мяса и жиров. Многие мужчины и женщины среднего возраста, страдавшие от сердечных приступов и серьезных проблем сердечно-сосудистой системы, обнаружили помощь в диете и физических упражнениях.

Более молодые люди могут извлечь пользу из чужого опыта и таким образом избежать ошибок и болезней предыдущих поколений. Американский институт исследования раковых заболеваний отмечает, что рак часто можно предотвратить правильной диетой и использованием определенных витаминов и минералов.

За питание семьи и развитие хороших привычек в этой области отвечает жена. Чем большему вы сможете научиться до того, как выйдете замуж, чем больше аппетитных рецептов вы будете иметь в своем активе, тем лучше вы будете готовы к тому, чтобы делать вашего мужа и ваших детей здоровыми и сильными.

Пришло время развивать ваше тело через физические упражнения и спорт. Один из лучших способов побороть скуку и прострацию — физическая деятельность. Позже вы обнаружите, что совместные занятия спортом являются одним из наиболее приятных способов отдыха для мужа и жены. Подготовьтесь сейчас, развивая разнообразные навыки в разных видах спорта: плавании, лыжах, играх с мячом, дайвинге, беге, бадминтоне, теннисе и т.п. В нашем возрасте мы с Дереком находим, что ходьба и езда на велосипеде для нас самые лучшие физические упражнения. Прогулки, взявшись за руки, которые мы совершаем, — настоящий секрет сохранения гармонии, физической и духовной. *«Пойдут ли двое вместе, не сговорившись между собою?»* (Ам.3:3).

Существует много хороших книг о питании и сохранении физической формы. У этого есть еще одно преимущество: у физически развитых, правильно питающихся молодых женщин, беременность и роды протекают намного легче и дети у них более здоровые.

## 10. НАБЛЮДАЙТЕ ПОВЕДЕНИЕ ЖЕН В ОБРАЗЦОВЫХ БРАКАХ.

Одно из моих первых открытий после принятия Христа заключалось в том, что у некоторых христианок отношение к мужьям отличается от того, которое я видела раньше. Я была впечатлена и изумлена их женственностью и их любовью к своим мужьям. Они казались полностью удовлетворенными своей функцией в этой жизни.

И хотя в то время я не думала о том, что выйду замуж еще раз, я не могла не наблюдать за их поведением. Тогда я стала видеть, что мне нужны те же качества, которые я видела в них, чтобы подготовить себя для Иисуса, моего Жениха.

Посмотрите на знакомых замужних женщин. Попросите, чтобы Святой Дух показал вам качества, подходящие для вас (и то, чего следует избегать). Не пытайтесь быть отражением других. Если у вас живой характер, вы можете приобрести кроткий и молчаливый дух, но при этом вам не обязательно становиться «серой мышью». Некоторые спокойные от природы женщины являются просто скучными, или они могут быть спокойно злыми и язвительными. Кроткий и молчаливый дух — это прежде всего отношение.

Помните также, что однажды, возможно, вы будете для кого-то образцом, если станете старательно готовить себя к браку и продолжать развиваться в нем. Вы должны иметь желание и право сказать:

*Будьте подражателями мне, как я Христу.*
*(1 Коринфянам 11:1)*

## 11. ДОВЕРЯЙТЕ БОГУ.

Будьте готовы ждать. Дерек уже говорил об этом в 6-й главе. Однако, я снова упомяну это, потому что доверие — одно из характерных женских черт, перечисленных в начале этой главы. Бог любит вас!

*...ходящих в непорочности Он не лишает благ. (Псалом 83:12)*

Если вы выполните Его условия, Он позаботится о вас, замужем вы или нет.

Слишком часто женщины вступают в брак, потому что они боятся, что у них не будет другого шанса. Затем они узнают, что лучше быть одинокой, чем выходить замуж не за того. Их жизнь терпит крушение, а часто и жизнь их детей и внуков.

С другой стороны, я знаю женщин, которые продолжали искать полноты в своей личной жизни и карьере, пока Бог их не привел к их совершенным супругам. Одной моей подруге было тридцать девять, когда она вышла замуж. Я встретила ее, когда ей было шестьдесят девять, и она была прекрасной женой для своего мужа. Другой, когда она развелась, было всего лишь двадцать один год, но затем в пятьдесят восемь она встретила вдовца. Я редко видела более совершенного соответствия! Все эти женщины упустили бы лучшее Божье, если бы они вышли не за того человека или решили вести одинокую жизнь. Бог держал свою руку на них, потому что они доверяли Ему.

## 12. ВЫБЕРИТЕ ЦЕЛИ, УСТАНОВИТЕ ПРИОРИТЕТЫ.

Ваши цели и приоритеты не будут совпадать с моими. Бог готовил меня к браку с Дереком. Он может готовить вас быть совершенным помощником для совсем непохожего человека. Перед вами могут стоять другие цели. Но вне зависимости от целей, применимы те же принципы.

Вернитесь к началу этой главы и перечитайте «Качества помощника», затем повторите пункты с 1-го по 11-й, записанные выше. Попросите Господа помочь вам найти те из них, которые относятся к вам, сферы, где вам чего-то не хватает или черты, которые вы никогда не рассматривали раньше. Напишите список этих долгосрочных целей.

Выберите из этого списка несколько краткосрочных целей, которые вы можете реально достичь через три месяца, полгода или в следующем году. Будьте реалистичны. Выясните ваши настоящие способности. Не намеревайтесь бежать марафонскую дистанцию на следующей неделе, если вы никогда не бегали дистанции больше, чем от холодильника до телевизора.

Рассмотрите ваши настоящие обязанности: вашу учебу, вашу работу, престарелого родителя, за которого вы несете ответственность, или детей от предыдущего брака. Если вы болели или пренебрегали своим здоровьем и питанием, вам следует сделать заботу о своем теле одним из главных приоритетов.

После того, как вы наметили себе цели, вам необходимо установить приоритеты, которые будут вести к ним. Не пытайтесь все сделать сразу. С другой стороны, может быть Святой Дух поведет вас работать более, чем над одной областью одновременно.

Вам может помочь ведение записей, как вы используете свое время. Будьте честны. Затем просмотрите их и решите, что наиболее важно. Начните приводить распределение времени в соответствии со степенью важности каждого дела.

Расставьте свои новые цели по местам, которые они должны занимать. Когда вы пересмотрите свои приоритеты, ваша жизнь начнет изменяться.

Когда я сделала это несколько лет тому назад, первыми из моего списка потраченного времени были вычеркнуты пустые разговоры (даже если они были о духовных вещах) и бесплодное увещевание. Часто я часами увещевала людей, которые не выполняли условия духовного роста.

Мы отвечаем перед Богом за то, как мы тратим наше время, и за каждое праздное слово. Я не хочу предстать перед Богом и услышать от Него: «Ты могла бы сделать лучше…»

# 9. РОЛЬ РОДИТЕЛЕЙ И ПАСТОРОВ

Для родителей естественно заботиться о том, на ком женятся их дети. В разных культурах и в разные исторические эпохи родители по-разному выражали свое участие. В некоторых формах иудаизма в одно время выбор супруга был исключительной обязанностью родителей. То же самое существует и сейчас среди многих арабских и азиатских народов.

Для большинства людей западной культуры такая практика кажется средневековой и смехотворной. Но прежде чем принять такое мнение, мы должны проанализировать результаты. В вопросах брака западная культура не может, поучая, ткнуть пальцем в какую-нибудь другую систему. Ни одна другая культура в истории человечества не произвела такой процент несчастных и разбитых браков, со всеми неизбежными отрицательными социальными последствиями.

Существует ли какая-то система подбора супругов, которая превосходит другие? Я склоняюсь к отрицательному ответу. Однако существуют определенные принципы, которые всегда применимы. Они могут успешно работать в разных культурах и социальных системах. Родители могут следовать этим принципам в отношении своих детей, и дети могут применять их к своим жизням. В каждом из случаев результаты будут зависеть больше от применяемых принципов, чем от тех, кто применяет их.

Основание для успеха может быть суммировано в одном слове: уважение. У него есть три аспекта: уважение к Богу и Его Слову, уважение к браку и уважение к личности. Там, где такое уважение подрывается неправильными отношениями и мотивами, такими как похоть, жадность, гордость и эгоистичные амбиции, там нет системы, которая могла бы произвести успешный брак.

Библия указывает на значительную вариативность того, как некоторые главные герои вступали в брак. Например, Авраам взял на себя ответственность найти невесту для своего сына Исаака и послал раба на свою родину в Месопотамию для этого. Рабу были даны определенные указания, но в результате он уповал на молитву, чтобы узнать женщину, избранную Богом (Быт.24:12-14). Это полностью согласуется с принципами, изложенными выше в этой книге.

Оба сына Исаака, Исав и Иаков, сами выбрали себе жен: Исав вопреки желанию своих родителей; Иаков последовал указанию своих родителей, но в результате сделал свой выбор и договорился со своим дядей Лаваном об условиях двух своих браков. Важно заметить, что сын, последовавший указаниям родителей, был более успешен, чем тот, который не сделал этого.

Во времена судей Самсон сам выбрал филистимлянку в жены вопреки желанию родителей. Однако, Самсон убедил своих родителей начать подготовку к его браку. В своем выборе жены Самсон пошел и против закона Моисеева, и против совета родителей. Из-за этого он встал на путь, приведший его к катастрофе.

Вне зависимости от какой-либо конкретной системы устроения браков понятно, что родителям присущи и глубокое участие, и серьезная ответственность за то, чтобы их дети вступили в успешный брак. Как родители должны достигать этой цели в нашей современной культуре? Родители могут способствовать успешности брака их детей следующими пятью способами:

## 1. МОЛИТВА.

День, когда следует начинать молиться о назначенных Богом супругах для ваших детей — это день, когда ваши дети появляются на свет. Такая молитва — долгосрочное вложение, но оно приносит огромные дивиденды.

Гораздо лучше помолиться о чем-то заранее, чем дожидаться, пока появится проблема или начнет угрожать какой-то кризис, и затем начинать отчаянно молиться. Часто такие молитвы оказываются не более успешными, чем попытки закрыть дверь стойла после того, как лошадь вырвалась из него.

Я знаю одну супружескую пару, которая начала молиться о супругах для своих детей, как только они родились. Сегодня, более чем тридцать лет спустя, все пятеро являются посвященными христианами так же, как и их супруги. Более того, путь к их бракам не был отмечен многими проблемами и травмами, через которые проходят сегодня многие молодые люди.

## 2. ПРИМЕР.

Если вы желаете, чтобы ваши дети стремились к Божьим прнинципам и ценностям брака, поместите перед ними визуальный пример, к которому им нужно стремиться. Нет более эффективного способа сделать это, чем личным примером. Простое навязывание детям правил, которые не соблюдают сами взрослые, произведет негативный, а не позитивный результат. Трагический факт заключается в том, что многие молодые люди сегодня никогда не видели счастливого брака. Следовательно, они подходят к браку с цинизмом и разочарованием. Любой брак, развивающийся из этих отношений, почти на сто процентов обречен на неудачу еще до того, как будут произнесены брачные обеты.

Беседуя с молодыми людьми, сталкивающимися с проблемами, и наблюдая за успешными браками, я пришел к заключению, что есть одна вещь в семье, в которой дети нуждаются больше всего, хотя сами могут и не осознавать этого. Это гармония. Если гармония начинается с родителей, она естественно будет изливаться в характер и поведение их детей. Но если родители не могут достичь гармонии между собой, то для детей остается мало надежды. Атмосфера гармонии в доме делает больше для восполнения нужд детей, чем многие материальные блага, которые сегодня считаются почти незаменимыми. В годы, когда я служил пастором в Лондоне, мы с Лидией часто жили на мизерный бюджет. Я помню, как покупал лезвия для бритья поштучно, потому что не мог позволить себе купить целую пачку! Много лет спустя я спросил одну из наших дочерей, какие впечатления сохранились у нее о периоде, когда мы были бедными. Она посмотрела на меня с удивлением: «Я никогда не считала вас с мамой бедными!» — сказала она.

Существует еще одна полезная сторона гармонии между родителями: она позволяет им молиться о своих детях такими молитвами, на которые Бог обещает отвечать. Его обетование содержится в Евангелии от Матфея 18:19:

> *Истинно также говорю вам, что если двое из вас согласятся* (дословно: *придут в гармонию*) *на земле просить о всяком деле, то, чего бы ни попросили, будет им от Отца Моего Небесного.*

### 3. НАСТАВЛЕНИЕ.

В Ефесянам 6:4 Бог возлагает на отца каждой семьи ответственность за наставление детей на путях Божьих:

*...отцы, не раздражайте детей ваших, но воспитывайте их в учении и наставлении Господнем.*

Я не считаю, что этот стих означает, что только отец несет эту ответственность, а мать не играет здесь никакой роли. Отец несет главную ответственность за организацию процесса наставления детей и определения основных направлений и целей. Но в пределах этого матери необходимо делать чрезвычайно важный вклад. В конце концов, сегодня в большинстве семей именно мать проводит с детьми большую часть времени, особенно когда они маленькие и восприимчивые. На протяжении дня у нее есть бесконечное количество возможностей утверждать принципы, установленные отцом. Если она видит себя в Библейской роли помощника, не существует области, в которой ее помощь более важна, чем в наставлении детей.

Главное ударение должно делаться на наставлении, а не просто на обучении. Обучение — это сообщение детям истин, которые им нужно знать. Наставление — это наблюдение за применением этих истин в повседневной жизни. Дети могут получать обучение в разных местах, в церкви, в воскресной или светской школе. Но дом — это главное место, где они должны получать наставление.

С 5-й по 8-ю главы мы с Руфью рассмотрели разные аспекты отношений и поведения, которые позволят молодому мужчине или молодой женщине найти правильного супруга и построить успешный брак. Но ничего этого не появится внезапно благодаря счастливой случайности в жизни молодого человека в тот момент, когда он сталкивается с вопросом брака. Некоторые аспекты отношений и поведения могут быть достигнуты только благодаря годам усердного наставления. Родители, которые обеспечивают своих детей таким наставлением, помогают им полагать основание счастливой жизни в браке.

## 4. ОБЩЕНИЕ.

Наставление такого рода обычно не происходит в школе. Также оно не производится тщательно подготовленной лекцией. Атмосфера в классе или на лекции чересчур теоретическая. Она обычно оставляет у молодых людей впечатление, что сказанное не относится к каждодневной жизни. Необходимая атмосфера лучше всего обеспечивается неформальным, постоянным общением в ситуациях, которые не являются ни «религиозными», ни «академическими».

Во Второзаконии 6:7 Моисей советует родителям, как передавать детям заповеди Господа:

*И внушай их детям твоим и говори об них, сидя в доме твоем и идя дорогою, и ложась и вставая.*

Почти идентичный совет находится во Второзаконии 11:19. Обстановка, которую Моисей рекомендует для такого обучения — простые, повседневные дела в жизни семьи.

Какие бы ситуации могли соответствовать этому в современной культуре? — сын помогает отцу стричь траву во дворе или ремонтировать мелкие поломки семейной машины; мать на кухне показывает дочери, как печь пирожные или в гостиной выводит пятно с ковра. Другими занятиями, в которых участвует вся семья, могут быть пикники или поездки к какому-то месту, важному в истории страны. Вероятно, самым обычным местом для общения и наставления является обеденный стол, и это одна из причин, почему для семьи важно регулярно обедать вместе.

Во всех этих ситуациях у родителей есть неограниченные возможности внедрять привычки хорошего поведения в сочетании с практическими принципами порядка и добросовестности. В то же время они могут вплетать основные истины Божьего Слова так, чтобы была очевидна их жизненность и практичность.

Какой бы ни была ситуация, существует одно важное неизменное требование: это должно быть время, когда родители, находятся вместе с детьми в свободной атмосфере. Время, мудро вложенное в детей на стадии их становления, когда они наиболее восприимчивы, будет давать результаты на протяжении всей их жизни и в вечности.

## 5. УВЕЩЕВАНИЕ.

Когда дети превращаются из юношей во взрослых, нужда в продолжающемся общении с их родителями остается, хотя оно становится более прерывистым из-за учебы или работы. Молодые люди сами прокладывают дорогу в будущее, создавая свой собственный образ жизни, принимая свои решения, и меньше осознают нужду в родителях, чем она есть на самом деле.

На этой стадии возможности наставлять уменьшаются. Но на этом месте возникает другая нужда — в увещевании. Переход от наставления к увещеванию потребует другого отношения, наставление можно навязать, увещевание может быть только предложено (родителям часто труднее сделать этот переход, чем детям).

Многое зависит от взаимоотношений, которые родители уже построили с детьми на этот момент. Если это взаимоотношения любви, уверенности и уважения, тогда для детей является естественным обращаться к родителям за советом, когда они сталкиваются с проблемами или необходимостью принять важные решения. Рано или поздно самым важным решением, которое им будет нужно принять, станет, вероятно, выбор супруга.

Как родители могут быть готовы дать нужный совет? — они должны быть вооружены четким, основанным на Писании, пониманием Божьего плана для брака. Только это может обеспечить силу и стабильность, которая нужна их детям.

Когда планы сына или дочери совпадают с Божественным образцом, задача родителей проста: увещевать и воодушевлять. Когда, с другой стороны, ребенок рассматривает брак не в соответствии с принципами Писания, родители должны просить у Господа уникальную комбинацию благодати и силы. Благодать позволит им разделять борьбу и агонию, через которые проходит в это время их ребенок. Сила позволит им продолжать держаться Божьего стандарта перед лицом интенсивного давления, направленного на то, чтобы заставить их принять более низкий стандарт, чем тот, который они знают как Божий, для брака их сына или дочери. Проблема, возможно, будет решена благодаря их молитвам и духовному основанию, положенному в жизни ребенка на протяжении предыдущих лет.

Главная ответственность за то, чтобы подвести молодых людей к успешному браку, лежит на родителях. Но когда члены семьи посещают церковь, очень вероятно, что к этому подключится и пасторское служение. Какую ответственность несут пасторы в такой ситуации? И как они могут реализовать ее?

Прежде всего, пасторы должны быть осторожны, чтобы не становиться между родителями и детьми. Пока родители желают брать на себя ответственность за своих детей, роль пастора должна заключаться в том, чтобы направлять и укреплять родителей, но не брать на себя их функции. Брак или приближение к браку создает сильное напряжение в семье. Когда это возможно, семья должна вместе разбираться с этим давлением как единое целое. Это укрепит связи между ее членами на многие годы.

Однако может оказаться, что сами родители не могут разобраться с ситуацией и обращаются к пастору за помощью. Если это происходит, для пастора и родителей чрезвычайно важно прийти к единству. С одной стороны, родители должны уважать совет пастора и следовать ему, если он не противоречит их глубоким убеждениям. С другой стороны, пастор должен сделать все, что в его силах, чтобы почитать и поддерживать положение родителей в их семье.

Родители и пастор, идущие рядом по этому пути, могут спасти драгоценную молодую жизнь из тщательно подготовленной ловушки дьявола. Если же дьявол сможет, с другой стороны, внести дисгармонию и разделение между ними, то может преуспеть в захвате овцы с Господнего двора.

К сожалению, в этот век разрушенных семейных взаимоотношений, многие молодые люди не могут обратиться к своим родителям за советом и помощью относительно брака. Куда им обратиться? — прежде всего к Господу! Он слышит вопль каждой души, которая искренне ищет Его.

Те, кто обращаются к Богу и посвящают Ему свои жизни, возможно, будут направлены Им в христианское общение под эффективное пасторское наблюдение. Здесь для них будет естественным обращаться к пасторам за указаниями и советом, которые они должны были бы получать от своих родителей. Пастор может обнаружить, что он принимает родительскую ответственность за молодых людей, которые не являются его родными детьми. Таким образом, он может быть вынужден нести функции пастора и родителя.

Любой Божий служитель, желающий принять такую ответственность, достоин похвалы. Он будет испытывать необычайную тяжесть, но и необычайные благословения! Но до того, как он посвятит себя этому, он должен убедиться в двух вещах. Во-первых, что у родителей была возможность принять ответственность, и что они либо не смогли, либо не пожелали сделать это. Во-вторых, что молодой человек или девушка сделали все возможное, чтобы установить правильные взаимоотношения с родителями (мы рассматривали вопрос правильных взаимоотношений в 5-й главе).

У всех пасторов есть одна обязанность — обеспечить своих людей детальным Библейским учением о браке во всех его аспектах. Оно должно касаться обоюдной ответственности родителей и детей. Было бы полезно проводить каждый год особый семинар для молодых людей в церкви, которые переходят из подросткового возраста в совершеннолетие. Такой семинар может называться вроде «Лицом к лицу с браком» или «Как найти своего супруга?». Я предсказываю, что он будет встречен с энтузиазмом. Более того, он решит многие специфические проблемы, с которыми обычно сталкиваются молодые люди. Несомненно, лучше закрыть дверь стойла до того, как лошадь вырвется!

Такое служение вписывается в пророческую картину ситуации в мире, когда век подходит к концу. В последних стихах Ветхого Завета Бог провозглашает:

*Вот, Я пошлю к вам Илию пророка пред наступлением дня Господня, великого и страшного. И он обратит сердца отцов к детям и сердца детей к отцам их, чтоб Я пришед не поразил земли проклятием. (Малахия 4:5-6)*

Бог говорит здесь об очень актуальном для нас. Во-первых, основной социальной проблемой этого заключительного периода будет конфликт между родителями и детьми, результатом которого будут разбитые семьи. Во-вторых, если эта проблема не будет решена, это принесет Божье проклятие на землю. И, в-третьих, Бог поднимет особое служение, чтобы обеспечить Его решение этой проблемы. И, конечно же, Церковь обязана участвовать в этом!

# ОСОБЫЕ СИТУАЦИИ

## 10. РАЗВОД И ПОВТОРНЫЙ БРАК

Развод — одна из главных современных социальных проблем. Его вредное воздействие распространяется гораздо дальше супругов, которые разводятся. Если у них есть дети, то они неизбежно подвергнутся огромному эмоциональному давлению. Часто у них остается извращенный, негативный взгляд на брак и семью.

Кроме поражения отдельных людей, развод — один из главных рычагов, используемых силами зла, чтобы разрушить жизнь семьи и, таким образом, поставить под угрозу всю общественную систему. Любая культура или цивилизация, которая открывает путь для распущенного, неконтролируемого развода, выковывает инструмент для собственного уничтожения. Так же как она посеяла ветер, она пожнет бурю.

Трагично, но развод стал почти обычным явлением в церкви, называющей себя христианской. Что открыло путь тому, чтобы развод стал практиковаться среди христиан? Можно выделить две главные причины.

Первая — это неправильный взгляд на брак, из-за которого церковь отошла от Божьих и Библейских стандартов. Вместо них она приняла мирские взгляды. Кто-то проиллюстрировал это следующей притчей: «Корабль в море — это нормально, море в корабле — это ненормально. Церковь в мире — это нормально, мир — в церкви — это ненормально».

Вторая главная причина всплеска разводов среди христиан заключается в том, что многие получили, в лучшем случае, неадекватную подготовку к браку. Они вступили в брак без четкого понимания его природы и своих обязанностей. Кроме того, в большинстве случаев они не получили Библейского обучения и наставления, которые позволили бы им выполнять эти обязанности. В результате — пара похожа на двоих в лодке, находящейся в море, которые не знают ни как грести, ни как обращаться с рулем.

Я искренне желаю и молюсь, чтобы эта книга конструктивно решила обе эти проблемы — невежество в отношении природы брака и недостаток подготовки к нему.

Многие века церкви часто не удавалось подойти к проблеме развода реалистично, или она навязывала правила, которые не соответствовали ни справедливости, ни Писанию. Одной из главных причин, возможно, был принудительный целибат (обет безбрачия) священнослужителей. Те, кто отвечали за составление таких правил, заранее знали, что сами они никогда не смогут жить по ним. Иисус вполне мог сказать о таких людях то же, что Он сказал о фарисеях в те дни:

*Связывают бремена тяжелые и неудобоносимые и возлагают на плечи людям, а сами не хотят и перстом двинуть их... (Матфея 23:4)*

Подобно фарисеям, лидеры церкви разработали многочисленные пути, как обходить собственные правила, когда это было им самим необходимо. Для богатых и влиятельных, например, «аннулирование» производило те же практические результаты, что и развод, но «без нарушения» буквы закона.

Конечно, намерение Божье никогда не заключалось в том, чтобы брак заканчивался разводом. Если проследить первопричину развода, то можно увидеть, что она всегда является результатом отступления человека от Божьих путей и стандартов. Однако нет оправдания негативному отношению к разведенным, которое является осуждающим и небиблейским.

Намерение Божье никогда не состояло в том, чтобы люди грабили друг друга. Воровство, как и развод, есть результат греха в человеческом сердце. Тем не менее, грабежи совершаются, но и церковь, и общество признают необходимость относиться к этой проблеме справедливо и реалистично. Никакой разумный человек не присоединится к такому мнению: «Воровство — это зло, поэтому следует наказать обе стороны. Мы будем сажать в тюрьму и того, кто совершил грабеж, и того, кого ограбили». Конечно, это было бы пародией на правосудие!

Но часто в вопросе развода церковь выбирала похожую линию, отказываясь признавать отличие между невиновной и виновной сторонами. «Развод — это зло, — провозгласила церковь, — поэтому мы наказываем одинаково обе стороны. Мы запретим опять вступать в брак им обеим». По сути дела, невиновная сторона лишалась чего-то более драгоценного, чем материальное имущество, и наказание, применяемое к такому невиновному человеку, — более суровое, чем срок тюремного заключения.

Многие религиозные люди склонны подвергать сомнению фразу «невиновная сторона». Разве не являются виновными обе стороны в разводе? Разве не следует одинаково относиться к обеим сторонам? С тем же успехом можно также предположить, что при грабеже виновны обе стороны, и к ним следует относиться одинаково.

Опять же, некоторые спросят: «Разрешает ли вообще Библия развод и на каком основании?» Ответом на этот вопрос будет однозначное «да». Во времена Ездры, когда некоторые иудеи преступили закон Моисеев, женившись на женщинах из окружающих языческих народов, Ездра не только разрешил им разводиться с женами, но даже потребовал этого от них (см. Ездр.10:10,11).

Для получения Библейского понимания ситуаций, в которых одна из сторон брака может быть освобож-бождена от брачных уз, необходимо рассмотреть три последовательные фазы Божьих отношений с человечеством: период до закона Моисеева, период под законом Моисеевым и период благодати, наступивший при Иисусе Христе.

В период до закона Моисеева в Израиле наказанием за блудодеяние была смерть. Это иллюстрируется случаем в жизни Иуды. Однажды у Иуды были сексуальные отношения с женщиной, которую он принял за блудницу, но на самом деле она была его невесткой Фамарью. Фамарь в то время была обручена младшему сыну Иуды, Шеле. Взаимоотношения при помолвке рассматривались настолько же обязательными, как и в браке, и их нарушение считалось блудодеянием.

Три месяца спустя обнаружилось, что Фамарь беременна. Мгновенной реакцией Иуды было:

*...выведите ее, и пусть она будет сожжена.*
*(Бытие 38:24)*

Когда он обнаружил, что он сам был виновен в беременности Фамари, он больше не требовал, чтобы ее умертвили. Тем не менее этот инцидент показывает, что признанным наказанием за блудодеяние в те времена была смерть. Таким образом, смертельный приговор виновной стороне в браке автоматически высвобождал невиновную сторону для нового брака.

Под законом, данным через Моисея, предписываемым наказанием за блудодеяние, совершенное в браке или мужчиной, или женщиной, была смерть (Втор.22:22-24). И опять же, смертельный приговор для виновной стороны автоматически освобождал невиновную сторону для нового брака.

Люди часто цитируют слова Павла в Римлянам 7:2:

*Замужняя женщина привязана законом к живому мужу...*

Но они забывают добавить, что тот же закон, который привязывал жену к ее мужу на всю жизнь, имел и обратное действие. Вынесением смертельного приговора стороне, виновной в блудодеянии, закон автоматически освобождал невиновную сторону для нового брака.

Более того, Новый Завет постоянно подчеркивает, что закон Моисеев всегда должен применяться как единая, целостная система, все требования которой одинаково значимы. Например:

*Кто соблюдает весь закон и согрешит в одном чем-нибудь, тот становится виновным во всем. (Иакова 2:10)*

*Ибо написано: «проклят всяк, кто не исполняет постоянно всего, что написано в книге закона». (Галатам 3:10)*

Принимать требование закона, привязывающее женщину к ее мужу на всю жизнь, и игнорировать требование того же закона, которое автоматически освобождает ее через смертельный приговор, выносимый законом ее мужу, если ее муж совершает блудодеяние, — противоречит и логике, и Писанию.

В период благодати, открытый Иисусом Христом в Новом Завете, Иисус фактически разрешил развод из-за супружеской неверности.

> *А Я говорю вам: кто разводится с женою своею, кроме вины любодеяния, тот подает ей повод прелюбодействовать; и кто женится на разведенной, тот прелюбодействует.* (Матфея 5:32)

> *Но Я говорю вам: кто разведется с женою своею не за прелюбодеяние и женится на другой, тот прелюбодействует... (Матфея 19:9)*

Греческое слово, переводимое иногда как «супружеская неверность» — porneia. Традиционно это слово переводится как «прелюбодеяние», ограничивая его, таким образом, сексуальным грехом, совершаемым лицами, состоящими в браке. Но во всем греческом Новом Завете слово «porneia» используется для описания любой формы незаконного или неестественного секса. Вот некоторые определения «porneia», данные некоторыми авторитетными источниками:

«Проституция, нечистота... любые незаконные сексуальные отношения... блудодеяние, проявляемое как прелюбодеяние... сексуальная неверность замужней женщины...» (Греко-английский словарь Нового Завета Арндта и Джингрича);

«Незаконный половой акт в целом...» (Греко-английский словарь Тейера).

В Новом Завете «porneia» вместе с производным глаголом «porneno» употребляется в следующих случаях, которые обозначают больше, чем сексуальный грех женатых людей.

В Деяниях 15:20,29 христианам из язычников приказано воздерживаться от «porneia» — несомненно, не только от сексуального греха между людьми, состоящими в браке.

В 1-м Коринфянам 5:1 Павел описывает человека, живущего с женой своего отца, как «porneia». Здесь это включает и кровосмешение, и блудодеяние. А в 1-м Коринфянам 5:9-11 Павел заповедует верующим не сообщаться с называющими себя христианами, которые виновны в «porneia». Несомненно, он не ограничивает их число только состоящими в браке. Павел использует «porneia» и «porneno» подобным образом в 1-м Коринфянам 10:8 и 2-м Коринфянам 12:21.

В 7-м стихе своего послания Иуда применяет «porneia» к сексуальному поведению Содома и Гоморры. Главным грехом этих городов был гомосексуализм, и нет никакого повода считать, что он практиковался только неженатыми.

Становится ясным, что «porneia» включает прелюбодеяние, гомосексуализм, скотоложство, инцест и другого рода блудодеяния. Иисус одобрил развод при любом из всех этих случаев.

Таким образом, и закон, и Евангелие пришли к одному заключению в отношении «porneia»: совершение этого одним из супругов освобождает невиновного партнера от его брачных обетов.

Существует, однако, разница. Под законом освобождение обеспечивается обязательным смертельным приговором виновному партнеру. При Евангелии невиновный партнер может либо потребовать освобождения, то есть развода, либо предложить виновному партнеру прощение и примирение, при условии если присутствуют доказательства покаяния.

Свободен ли опять вступать в брак человек, который получил развод на Библейском основании, будучи невиновной стороной?

Ни язык, ни культура Библии не дают нам никакого основания считать, что человек может быть законно свободен только разводиться и несвободен опять вступать в брак. И, напротив, на свободу вновь вступать в брак ясно указывается и в Ветхом, и в Новом Заветах.

Под законом Моисей говорит, что если муж

законно разводится с женой и отпускает ее, она свободна выходить за другого мужа (Втор.24:1-2).

Во Второзаконии 24:3-4 Моисей говорит, что если второй муж этой женщины разведется с ней или умрет, ее первому мужу не разрешается вновь брать ее в жены. Называя человека, за которым она была замужем раньше, «первым» мужем, Моисей ясно показывает, что первый брак был законно завершен.

В Новом Завете Павел говорит:

*Соединен ли ты с женою? не ищи развода. Остался ли без жены? не ищи жены. Впрочем, если и женишься, не согрешишь... (1 Коринфянам 7:27-28)*

Это указывает на то, что человек, который освобождается от брачных уз (в соответствии с Писанием) и позже опять вступает в брак, не согрешает. Поэтому никакое чувство вины или неполноценности не должно посещать человека, который получает развод на законном, Библейском основании и позже пользуется своим правом вновь вступить в брак. Такой человек не является «второсортным» христианином.

На человеческом уровне вопрос развода обычно решается в суде, религиозном или светском. Но за всеми подобными человеческими законами обычно лежат неизменные Божественные принципы справедливости. Один из таких принципов прослеживается через всю Библию: к невиновному нельзя относиться, как к виновному, а к виновному — как к невиновному.

Во Второзаконии 25:1 Моисей сжато суммирует двойную ответственность судей — оправдать невиновного и осудить виновного. В Притчах 17:15 Соломон указывает, что любое отступление от этого принципа будет крайне неугодно Господу и вызовет Его гнев:

*Оправдывающий нечестивого и обвиняющий праведного — оба мерзость пред Господом.*

Также Исайя говорит (Ис.5:22-23), перечисляя тех, кто навлекают на себя Божий гнев:

*Горе тем...которые за подарки оправдывают виновного и правых лишают законного!*

Применение этого принципа к вопросу развода очевидно. Применять одно и то же наказание к супругу, виновному в «porneia», и к невиновному супругу нарушает саму суть справедливости.

Иногда люди утверждают, что в крушении брака участвуют обе стороны, и невозможно узнать, кто из супругов виноват на самом деле. Но это уводит от сути вопроса. Дело не в том, была ли эгоистичность или бесчувственность, или ссоры с обеих сторон. Вопрос состоит только в одном: совершил ли один супруг «porneia» или нет? Во многих случаях сегодня один из супругов открыто признает свою вину.

По крайней мере, Бог явно констатировал возможность того, что вина одного супруга, в отличии от другого, может быть установлена, ибо под законом Моисеевым Он установил смерть уличенному в блудодеянии.

В определенном смысле, брак — это законный контракт, в который вступают через обет. Границы этого контракта определяются произносимыми обетами. Брачный обет, обычно используемый сегодня, звучит примерно так: «Я обещаю... быть верным тебе (в том числе и в сексуальных отношениях)... пока смерть не разлучит нас».

В этом обете есть два важных элемента: обязательство («быть верным тебе») и обстоятельство времени («пока смерть не разлучит нас»). Эти две части предложения связаны друг с другом и не могут рассматриваться отдельно. То есть если один из супругов нарушает обязательство («porneia»), другой супруг автоматически освобождается от обстоятельства времени.

Позвольте мне привести вам простой пример. Смит дает недвижимость Брауну в аренду на пять лет. Но он включает одно обязательство: «Браун не может использовать эту недвижимость для магазина спиртных напитков. Если Браун пребудет верным в этом и воздержится от использования этой недвижимости для магазина спиртных напитков, тогда Смит должен пребыть верным во временном интервале: он не может аннулировать аренду до истечения пятилетнего срока. Но если Браун нарушит обязательство, открыв магазин спиртных напитков, тогда Смит автоматически освобожден от пятилетнего ожидания и может мгновенно аннулировать аренду.

Подобно этому, когда одна сторона в браке нарушает обязательство верности через «porneia», — другая сторона таким образом автоматически освобождается от соблюдения обстоятельства времени («пока смерть не разлучит нас)».

В установлениях Нового Завета существует еще одна ситуация, при которой христианин может быть освобожден от брачных уз. Она описана Павлом в 1-м Коринфянам 7:10-15:

*А вступившим в брак не я повелеваю, а Господь: жене не разводиться с мужем, — если же разведется, то должна оставаться безбрачною, или примириться с мужем своим, — и мужу не оставлять жены своей. Прочим же я говорю, а не Господь: если какой брат имеет жену неверующую, и она согласна жить с ним, то он не должен оставлять ее; и жена, которая имеет мужа неверующего, и он согласен жить с нею, не должна оставлять его; ибо неверующий муж освящается женою (верующею), и жена неверующая освящается мужем (верующим); иначе дети*

*ваши были бы нечисты, а теперь святы. Если
же неверующий хочет развестись, пусть разводится; брат или сестра в таких случаях
не связаны...*

В стихах 10-11 Павел говорит о случае, когда
в браке состоят два верующих. Фраза «не я повелеваю, а Господь» указывает, что этот случай уже
был рассмотрен Иисусом в Его учении, записанном
в Евангелиях. Эта позиция ясна и недвусмысленна:
ни одна из сторон не свободна разводиться с другой, кроме как из-за супружеской неверности. (Так
как Иисус сказал об этом ограничении в Евангелиях, Павлу не было необходимости повторять это
здесь). Но если они все-таки разводятся по другой
причине, то они должны оставаться безбрачными
или примириться и опять вступить в брак друг с
другом.

В стихах 12-15 Павел рассматривает случай, когда верующий состоит в браке с неверующей. Слова «я говорю, а не Господь», указывают, что этот
случай не был рассмотрен Иисусом в Евангелиях.
Во-первых, Павел обязывает верующую сторону
стремиться сохранить мир в браке и завоевать неверующую сторону для Христа. Но когда неверующая
сторона отвергает этот подход, отказывается оставаться в браке и оставляет верующего, тогда верующий освобождается от брачных уз и, таким образом,
свободен вступить в новый брак. Однако при этом
необходимо соблюсти два условия. Во-первых, все
требования гражданского закона должны быть
соблюдены, и, во-вторых, новый супруг должен быть
верующим во Христа.

Мы рассмотрели два случая, о которых ясно
сказано в Новом Завете: когда один из супругов
виновен в супружеской неверности, и когда верующий оставляется неверующим из-за веры первого
во Христа. В этих случаях, когда все соответству-

ющие требования были исполнены, верующий имеет право получить развод и, следовательно, вновь вступить в брак.

Для тех читателей, которые нуждаются в более исчерпывающем изучении вопроса развода и повторного брака в свете Библии, я рекомендую книгу «Развод и повторный брак» Гая Дьюти. Ее автор, который до самой своей смерти в 1977 году оставался рукоположенным служителем Ассамблей Божиих в Америке, рассматривает каждый аспект этой темы с логичной, строгой точностью, которая не оставляет неотвлеченных вопросов.

Также существуют другие случаи, при которых допустим развод, но о которых не говорится полно в Новом Завете. С одной стороны, нереалистично игнорировать такие случаи. С другой стороны, немудро быть догматичным в отношении того, о чем Библия не говорит конкретно. Возможно, лучшая позиция для искреннего христианского служителя — сказать вместе с Павлом (1Кор.7:25):

*...я не имею повеления Господня, а даю совет, как получивший от Господа милость быть Ему верным.*

А как насчет тех, у кого был неудачный брак и развод в прошлом, и кто затем пришел ко Христу и был спасен? Как Бог смотрит на них?

Относительно вопроса прощения Библия абсолютно недвусмысленна (слава Богу!). В Евангелии от Матфея 12:31, например, Иисус говорит:

*...всякий грех и хула простятся человекам; а хула на Духа не простится человекам...*

«Всякий грех» включает блудодеяния и все другие сексуальные отклонения. Единственным исключением является хула на Святого Духа.

В Деяниях 13:39 Павел говорит еврейской аудитории:

*...и во всем, в чем вы не могли оправдаться законом Моисеевым, оправдывается Им (Иисусом) всякий верующий.*

Как это всеобъемлюще! Всякий оправдывается во всем. Это включает развод и все формы сексуального греха, которые имели место в прошлом.

И снова в 1-м Коринфянам 6:9-11 Павел пишет коринфским верующим:

*...ни блудники, ни идолослужители, ни прелюбодеи, ни малакии, ни мужеложники, ни воры, ни лихоимцы, ни пьяницы, ни злоречивые, ни хищники — Царства Божия не наследуют. И такими были некоторые из вас; но омылись, но освятились, но оправдались именем Господа нашего Иисуса Христа и Духом Бога нашего.*

Этот ужасный список преступников включает блудников и сексуальных извращенцев. Через веру во Христа они не только прощены, но и оправданы, им была вменена Божья праведность. В Божьих глазах это так, как будто бы они никогда и не согрешали. Несомненно, это дает им возможность абсолютно нового начала во всех областях жизни, включая брак. Никакая темная тень вины или осуждения из вашего прошлого не может следовать за вами в новую жизнь.

Те, кто подвергают сомнению право таких покаявшихся верующих на совершенно новую жизнь, находятся в опасности, потому что игнорируют предупреждение, данное Петру в Деяниях 10:15:

*«что Бог очистил, того не почитай нечистым».*

Случаи, когда христиане сталкиваются с вопросом развода, так многочисленны и сложны, что невозможно изучить их все подробно. Вот только три из них:

**СЛУЧАЙ 1.** Двое разведенных, которые не спасены, женятся, у них рождаются дети, и затем они спасаются. Закономерно было бы сказать им: «Вы живете в блудодеянии. Вы должны расторгнуть свой брак и либо вернуться к своим бывшим супругам, либо оставаться вне брака». А что будет с детьми?

Было бы более в соответствии с духом Евангелия сказать: «Бог дал вам новое начало. Сделайте все возможное, чтобы восполнить потерянные годы, и будьте осторожны, чтобы не возвратиться на старые пути».

**СЛУЧАЙ 2.** Двое неспасенных женятся, затем разводятся, но не из-за супружеской неверности. Через некоторое время мужчина вновь женится и, таким образом, совершает блудодеяние (по Библейским стандартам). Позже женщина спасается. Может ли она выйти замуж на основании того, что ее предыдущий муж совершил блудодеяние?

**СЛУЧАЙ 3.** Два неспасенных женятся, затем разводятся. После развода они потеряли связь. Женщина не знает, женился ли ее бывший муж или живет с женщиной, которая ему не жена. Может ли она вновь выйти замуж? Или сперва она должна доказать, что ее бывший муж совершил блудодеяние? А если она не может с ним связаться?

Давайте все будем очень осторожными, чтобы не стать законниками, когда судим о подобных случаях! Несомненно, принцип, по которому мы должны действовать, установлен в Иакова 2:12-13:

> *Так говорите и так поступайте, как имеющие быть судимы по закону свободы. Ибо суд без милости не оказавшему милости; милость превозносится над судом.*

Вышеприведенный список случаев, хотя он и краткий, рассматривает некоторые основные нормативные аспекты развода, касающиеся христиан.

Однако, воздействие развода идет гораздо дальше сферы чистого закона. Почти неизбежно оно приводит к глубоким, даже кровоточащим эмоциональным ранам. В Книге пророка Исайи 54:6 Господь описывает молодую разведенную женщину:

*Ибо как жену, оставленную и скорбящую духом... как жену юности, которая была отвержена...*

Такие страдания относятся не только к женщинам, прошедшим через развод. Мужчины тоже часто страдают так же глубоко, как и женщины.

В стихе из Исайи Господь точно определяет сущность раны. Это отверженность. Однако, по Своей чудесной благодати Бог предлагает исцеление для этой раны. Оно обеспечивается через заместительную жертву Иисуса на кресте, где Иисус претерпел ради искупления все зло, которое наш бунт принес нам. Окончательная агония, вызвавшая Его смерть, была агонией отверженности.

Пророк Исайя описывает Иисуса как Того, Кто *«был презрен и умален пред людьми, муж скорбей»* (Ис.53:3). Однако окончательное отвержение исходило не от людей, а от Бога, Его Отца. Иисус претерпел это, потому что Он отождествился с грехом человечества. В ответ Божья справедливость требовала, чтобы Он отвратился от Своего Сына и закрыл уши для Его вопля агонии.

Это последнее отвержение со стороны Отца описывается в Матфея 27:46:

*А около девятого часа возопил Иисус громким голосом: Или, Или! лама савахфани? то есть: Боже Мой, Боже Мой! для чего Ты Меня оставил?*

Впервые в истории вселенной Отец не ответил на вопль Своего Сына. Последовавшая за этим смерть Иисуса произошла скорее из-за этой агонии отверженности, а не из-за физического эффекта распятия, который не мог вызвать такую быструю смерть. Позже Пилат, не поняв воздействия отверженности, *«удивился, что Он уже умер»* (Мар.15:44).

После описания вопля агонии Иисуса к Отцу, Матфей продолжает (Матф.27:50):

*Иисус же, опять возопив громким голосом, испустил дух.*

Страдания Иисуса были ценой приобретения исцеления для человечества.

*...ранами Его мы исцелились. (Исайя 53:5)*

Сюда входит и исцеление от раны отверженности. Иисус претерпел отверженность за нас, чтобы мы, в свою очередь, могли быть исцелены от нее.

Если из-за разрыва в браке вы испытали боль отверженности, вы можете получить исцеление благодаря трем простым шагам.

Во-первых, признайте свою боль, не стремитесь покрыть вашу рану. Стремитесь открыть ее для любящего взгляда вашего Небесного Отца.

Во-вторых, свою веру в исцеление сконцентрируйте исключительно на заместительной жертве Иисуса. Примените слова Исайи лично к себе: «ранами Его я исцелен». Каждый раз, когда вы начинаете чувствовать боль, повторяйте слова: «ранами Его я исцелен». Повторяйте это, пока исцеление не станет реальнее боли.

В-третьих, отложите всякое ожесточение и неприязнь к вашему бывшему супругу. Прощение приходит благодаря решению, а не эмоциям. Вам не нужно чувствовать это, вам нужно хотеть этого. Призовите помощь Святого Духа, принимая решение простить и следовать этому решению. Помните: прощение, получаемое вами от Бога, зависит от прощения, которое вы предлагаете другим (Матф.6:14-15).

Однажды я увещевал женщину, муж которой

делал ее жизнь несчастной в течение пятнадцати лет, а затем бросил ее и детей. Я посоветовал ей простить его. «Он испортил пятнадцать лет моей жизни, — воскликнула она с возмущением — и вы просите меня простить его!». — «Ну, если вы желаете, чтобы он испортил и остаток вашей жизни, продолжайте испытывать к нему неприязнь», — ответил я. Я напомнил ей, что испытывающий неприязнь и ненависть страдает больше, чем тот, к кому она испытывается.

Рассматриваемое в таком свете прощение человека, который ранил вас, не является ни сентиментальностью, ни высокой духовностью. Это просто прямая личная выгода.

Когда вы прошли через эти шаги, повернитесь спиной к прошлым ранам. Заново посвятите всю вашу жизнь и будущее Господу. У Него есть план для вашей жизни, который не может быть расстроен злобой людей и бесов. Следуйте примеру Павла:

*...забывая заднее и простираясь вперед, стремлюсь к цели, к почести вышнего звания Божия во Христе Иисусе. (Филиппийцам 3:13-14)*

Позвольте мне уверить вас, что я лично служил многим разведенным, которые, последовав этим шагам, получили исцеление своих ран и обновленную веру для плодоносной и полноценной жизни.

# 11. МЕСТО БЕЗБРАЧИЯ

Брак — нормальный путь в жизни и для мужчин, и для женщин. Однако, не всех Своих детей Бог ведет по этому пути. Для посвященного христианина главная цель в жизни на этой земле заключается не в том, чтобы жениться, а чтобы исполнить волю Божью! Иисус навсегда установил этот принцип в Иоанна 4:34:

*Моя пища есть творить волю Пославшего Меня и совершить дело Его.*

Для Самого Иисуса воля Божья не включала брак во время Его жизни во плоти. Но Иисус ожидает дня, когда Он будет праздновать Свой брак со Своей Невестой, Церковью!

Как христианам, нам нужно постоянно напоминать себе, что совершенство в самом полном смысле недостижимо в этой, земной жизни.

Мы не можем позволять себе влюбляться в то, что временно! Апостол Иоанн предостерегает нас (1Иоан.2:17):

*И мир проходит, и похоть его, а исполняющий волю Божию пребывает вовек.*

Для того чтобы мы имели непрекращающееся удовлетворение и наполненность в жизни, есть только одно непоколебимое и неизменное основание: найти и исполнить Божью волю.

Предположим, что Божья воля для вашей жизни не включает брак. Предположим, Бог просит вас подождать, подобно Иисусу, брака Агнца. Что тогда? Возможно, вы никогда не смотрели честно на этот вопрос. Возможно, вы просто сделали брак своей целью и стремились к нему, но до сих пор безуспешно... Вы говорите: «Я молилась и молилась о муже, но Бог не ответил». Вы забыли, что «нет» — это тоже ответ!

Когда вы решите подчиниться Богу, важно отложить свои планы и задумки и открыть сердце Ему. Часто, когда Бог готов обратиться к нам, мы не готовы услышать то, что Он хочет сказать. Бог призывает нас в Псалме 45:11:

*Остановитесь и познайте...*

На что мы должны ответить словами Псалма 84:9:

*Послушаю, что скажет Господь Бог.*

Потребуется время, жертва и самодисциплина, чтобы прийти в это место внутреннего покоя, в котором вы можете услышать, что говорит Бог. Это будет означать меньше времени перед телевизором или возле телефона за разговорами с друзьями, меньше времени остальным делам. Это может потребовать отложить газету или журнал, и провести часы наедине с Библией. Но что бы ни потребовалось, — слышание Божьего голоса незаменимо. Цена может показаться слишком высокой, но вознаграждение всегда гораздо больше этой цены.

В одном вы можете быть уверены: если Божий план для вас заключается в том, чтобы быть холостым, вы никогда не найдете настоящий мир и удовлетворение, пока вы стремитесь вступить в брак. И если, в конце концов, вам удастся вступить в брак, вы не решите свои глубокие, внутренние проблемы. Наоборот, вы усугубите их. Ваш несчастный супруг может также стать их жертвой.

Возможно, вы искренне искали Бога в отношении брака, и Он не дал вам определенного ответа — ни положительного, ни отрицательного. Он не дал вам супруга, но и не показал вам, что Его воля заключается в том, чтобы вы оставались холостыми. Если это так, вам нужно последовать совету Давида в Псалме 36:7-8:

*Покорись Господу и надейся на Него... не рев-
нуй до того, чтобы делать зло.*

Отдайте себя от всего сердца служению Богу в
вашем теперешнем положении и предайте будущее в
Его руки. Ваше отношение спокойного доверия сделает вас открытыми для принятия любого направления, которое Господь может пожелать показать вам
дальше.

Для каждого христианина важно рассмотреть
вопрос, может ли безбрачие быть Божьей волей для
его жизни. Человек, который уяснил для себя такую
возможность, имеет внутренний мир ума, который
позволяет легче видеть Божью волю и для других
сфер жизни. Человек, чей ум постоянно забит мыслями о браке, может пропустить Божье водительство
в других областях, и, таким образом, принять неправильное направление в жизни, пойти неправильным
путем.

Каковы основные причины, по которым христианину может понадобиться оставаться холостым? Они
могут быть разделены на две категории: естественные
и духовные. Естественные причины, в большинстве
случаев, характерны как для христиан, так и для
неверующих. Они проистекают из того, как развива-
лись обстоятельства в жизни данного человека; непо-
средственное Божье вмешательство не имеет к ним
отношения. С другой стороны, духовные причины
связаны с особым призванием данного христианина
или с его областью служения.

Естественные причины безбрачия могут быть, в
свою очередь, подразделены на три категории: физические, психологические и социальные. Физические
причины связаны с тем, как развилось тело данного человека. Психологические причины связаны с
тем, как развились ум и эмоции данного человека.
Социальные причины связаны с типом общества, в
котором живет человек. Так как данная книга не

является учебником в какой-то из этих областей — медицинской, психологической или социологической, я не буду пытаться детально анализировать возможные проблемы.

Однако христиане, борющиеся с проблемами в любой из этих областей, сделают правильно, если будут молиться о получении консультации у квалифицированного специалиста. По возможности, этот специалист должен быть посвященным христианином или, по крайней мере, приверженцем традиционной христианской этики.

Но сейчас будет достаточно взглянуть на некоторые типичные примеры естественных причин для безбрачия. В физической области характерными могут быть случаи, связанные с перенесенными тяжелыми травмами и болезнями, тяжелыми врожденными болезнями, такими как монголизм, церебральный паралич и другие. И конечно, это люди, чьи сексуальные функции не развиты совсем или недоразвиты. Во многих подобных случаях, но конечно не во всех, Господь может указать, что для такого человека лучше оставаться холостым.

В области психологических проблем есть такие люди, которых в народе называют не совсем нормальными. Некоторых из них можно отнести к умственно отсталым. Почти в каждой христианской церкви есть один такой человек или даже больше. Часто они входят в число наиболее счастливых и любимых членов церкви. Есть также те, которые с медицинской точки зрения были бы названы шизофрениками или даже больными психозом. Из глубин своей борьбы они временами являют понимание и посвящение, достойное святых. Но все же для них и им подобных, безбрачие часто оказывается Божьим планом.

В социальной области существуют разные ситуации, которые могут стать источником причин для безбрачия. Одна из таких ситуаций возникла в прошлом в семье Руфи. Ее бабушка умерла молодой и оставила шесть детей. Самой маленькой, Каролине, в то время было шесть лет. Несколько лет спустя отец Каролины женился вновь. Каролина, став взрослой, осталась с ним, чтобы заботиться о нем и своей мачехе. Когда Каролине было около сорока, ее отец умер. К этому времени ее мачеха страдала от артрита. Каролина почувствовала, что должна продолжать заботиться о своей мачехе. Она делала это, пока та не умерла около двадцати лет спустя. Каролина прожила остаток жизни одна, верно исполнив свои обязанности перед своими родителями в соответствии с Писанием.

Затем, обычно в церквях число могущих вступить в брак посвященных христиан-мужчин меньше числа посвященных христианок. В такой ситуации многие христианки могут прийти к мудрому решению, что лучше остаться незамужней и посвятить себя Господу от всего сердца, чем впрягаться в одно ярмо с мужчиной, которому не хватает настоящего духовного посвящения. Такие посвященные незамужние женщины являются источником огромной духовной силы во многих поместных церквях.

Возможно, кто-то захочет задать вопрос: «А разве Бог не может чудесно исцелить людей с вышеперечисленными физическими и психологическими проблемами?» — конечно, Бог может сделать это. И я видел многих людей, которых коснулась и изменила сила Божья. Среди них были больные монголизмом, параличом, шизофренией, психозом и церебральным параличом.

В то же время я вынужден признать и другое: я видел много людей, которые не были исцелены. Одни и те же молитвы приносились за исцеленных и неисцеленных. Также не было причины считать, что исцеленные были в каком-то отношении более освященные или более посвященные, чем неисцеленные.

Чем это объяснить? Лично я нахожу удовлетворительный ответ во Второзаконии 29:29:

*Сокрытое принадлежит Господу, Богу нашему, а открытое нам и сынам нашим до века...*

Порой самые избранные Божии дети, да и даже наиболее эффективные Его слуги не исцеляются. Но это Божье решение — делиться с нами или нет, почему так происходит. Я научился преклоняться перед Его суверенностью и говорить так, как Сам Иисус сказал:

*...ей, Отче! ибо таково было твое благоволение. (Матфея 11:26)*

На основании опыта и наблюдений я также убедился в истинности Божьего уверения Павлу:

*...довольно для тебя благодати Моей... (2 Коринфянам 12:9)*

Когда эти слова были произнесены, Павел был в глубокой скорби, от которой Бог отказался его избавить. Вместо этого Бог дал ему благодать, которая позволила ему одерживать победы посреди скорби.

В таких случаях Божья благодать действует одним из двух способов. Она может чудесным образом избавить нас от скорби, или она может оставить нас в ней, но обратить скорбь в победу. Способ действия Божьей благодати зависит в каждом отдельном случае от Его суверенной воли. Но какой бы способ действия Бог не избрал, Его благодати всегда достаточно. Некто выразил эту мысль следующим образом: «Воля Божья никогда не поставит меня туда, где Божья благодать не сможет сохранить меня».

Было бы ошибочным считать, что христиане, трудящиеся в скорбях, которые удерживают их от вступления в брак, никогда не достигнут такого мира и счастья, которыми наслаждаются другие христиане. Это может показаться странным, но часто верно обратное. Многие христиане, идущие по пути, полному скорбей и трудностей, достигают большего спокойствия, удовлетворения и близости с Господом, чем многие другие. Дело в том, что настоящий мир и удовлетворение приходят только к тем, кто научился склоняться перед суверенной Божьей волей, будь это здоровье или пребывающая скорбь. Часто такое посвящение приходит быстрее к имеющим физические изъяны христианам, чем к тем, кто наслаждается полным умственным и физическим здоровьем.

То же самое можно сказать и о тех христианах, которые в связи с обстоятельствами в семье или у окружающих людей, выбирают не вступать в брак. Часто они оказываются более счастливыми и плодотворными в служении Богу, чем некоторые женатые христиане, окружающие их.

Когда мы переходим от естественных причин безбрачия к духовным, мы видим, что Новый Завет указывает нам на два возможных случая: первый — результат суверенного, сверхъестественного Божьего вмешательства; второй — результат принятия волей человека жертвенного акта самоотречения.

Выдающимся примером безбрачия, принесенного сверхъестественно, является пример апостола Павла. Вот как он описывает причины своего безбрачного состояния:

*Ибо желаю, чтобы все люди были, как и я* (т.е. безбрачными); *но каждый имеет свое дарование от Бога, один так, другой иначе. (1 Коринфянам 7:7)*

Для Павла безбрачие не было жертвой — это был дар от Бога. Он был счастлив в таком состоянии. Он был бы несчастлив женатым.

Греческое слово, переведенное как «дар» — «харизма». Форма множественного числа — «харизмата», от него происходит современное слово «харизматический».

Харизма — одно из важных понятий Нового Завета и основополагающий элемент в его откровении. Оно образовано от корневой основы «харис» и окончания «-ма». «Харис» означает красота, благость, благодать и особенно относится к тому, как Бог обращается с теми, кого Он принимает как Своих детей на основании их веры в Иисуса Христа. Как таковую, благодать невозможно заработать. Она проистекает только из свободного и суверенного решения Самого Бога.

Добавление окончания «-ма» превращает общее в частное. «Харис» — это благодать в целом, в разнообразных формах, в то время как «харизма» — одна, особая форма этой благодати, данная конкретному христианину для достижения Божьей суверенной цели в его жизни.

За последние десятилетия харизматическое движение принесло Божьему народу по всему миру новое понимание места Божьей благодати и ее действия в христианской жизни. Одним из главных воздействий было новое наполнение Церкви сверхъестественным измерением христианства. Особое внимание было уделено девяти харизматам или духовным дарам, перечисленным в 1-м Послании к Коринфянам 12:8-10.

Многие харизматические верующие находятся под впечатлением и считают, что эти дары — вся харизмата. Но это далеко от истины. Я насчитал 22 проявления Божьей благодати, упомянутых в Новом Завете и названных харизмами. Одно из них, безбрачие, упоминает Павел в 1-м Коринфянам 7:7. Уча о харизматических дарах, я иногда предупреждал христиан, что если они будут просто просить Бога о харизме и не будут конкретны, они могут обнаружить, что Он благословил их харизмой безбрачия! Большинство из них не имеют никакого представления, что это тоже харизма.

Этот простой анализ слова «харизма» являет два важных факта о природе безбрачия Павла. Прежде всего, оно было суверенным даром от Бога. Оно не было чем-то, что Павел заработал или мог заработать. Также оно не было решением, к которому он пришел сам. Это было даровано ему Богом в Его неисследимой мудрости. Павел, в свою очередь, принял и использовал его для той цели, для которой Бог дал его.

Во-вторых, безбрачие Павла было на порядок выше, чем естественное безбрачие. Оно не было тем, чего он достиг своими собственными усилиями. Оно не было результатом, например, строгого аскетизма. Конечно, потребовалась дисциплина, чтобы поддерживать этот дар и использовать его для установленных Богом целей. Но никакая дисциплина сама по себе не могла произвести этот дар. Он пришел исключительно благодаря сверхъестественному вмешательству Бога.

Важно также увидеть, что безбрачие Павла не отсекало его от Тела Христова или даже от проблем и трудностей жизни в этом мире. Он постоянно находился среди людей: Божьих и мирских. Павел написал в отношении духовных даров:

*Но каждому дается проявление Духа на пользу... (1 Коринфянам 12:7)*

Это было справедливо и в отношении его дара безбрачия. Он не был просто путем к личному духовному совершенству. Целью этого дара было снаряжение его наиболее эффективным образом для созидания всего Тела Христова.

В 1-м Коринфянам 9:5-6 Павел сопоставляет особое служение его и Варнавы со служением других апостолов:

*Или не имеем власти иметь спутницею сестру жену, как и прочие Апостолы, и бра-*

*тья Господни, и Кифа? Или один я и Варнава*
*не имеем власти не работать?*

Мы можем заключить из этого, что Варнава, подобно Павлу, был неженат. Однако ясно, что эти двое были исключением среди апостолов. У остальных были жены, которые обычно путешествовали с ними в поездках по делам служения.

Очевидно, существовала прямая связь между безбрачием Павла и особенными трудностями и требованиями назначенного ему Богом служения. Это было необходимым инструментом для того, что ему надлежало совершить. Если бы Павел женился, неизбежно последовало бы одно из двух: либо брак окончился бы катастрофой, либо он не выполнил бы задачу своей жизни.

Мне легко поверить, что Джон Уэсли был одарен этой харизмой, но не сумел различить ее. Его брак, вероятно, был единственной серьезной ошибкой в его жизни. Он больше мешал, чем помогал его служению и, кажется, не давал ему личного счастья и удовлетворения. Поэтому для Божьих слуг важно уметь различать особый тип призвания, для которого необходим дар безбрачия.

В Евангелии от Матфея 19:12 Иисус говорит о другом виде безбрачия, который также имеет место в христианской жизни:

*...ибо есть скопцы, которые из чрева матернего родились так; и есть скопцы, которые оскоплены от людей; и есть скопцы, которые сделали сами себя скопцами для Царства Небесного.*

Иисус называет скопцами тех, кто неспособен к нормальным сексуальным взаимоотношениям. Он выделяет три способа, которыми можно прийти в такое состояние. Некоторые рождаются такими, некоторые становятся такими через действия людей;

и некоторые достигают такого состояния решением своей воли.

Последние делают это «для Царства Небесного», то есть безраздельно посвящают себя служению в Царстве Божьем. И хотя слово «скопец» обычно относится к мужчинам, кажется целесообразным включить в эту категорию и мужчин, и женщин, которые ради Бога и Его Царства отказались от брака и посвятили себя христианскому служению в состоянии безбрачия. И, конечно, история церкви содержит бесчисленное количество примеров таких «скопцов».

Но людям в третьей категории не была дана сверхъестественная харизма безбрачия. На это указывают слова, используемые Иисусом: они сделали сами себя скопцами. Их состояние проистекает из их личного решения, а не из суверенного Божьего действия. Такие люди, в отличие от Павла, могли бы вступить в брак. Для них безбрачие представляет собой жертвенное самоотвержение, которое достигается и поддерживается силой их собственной воли.

Итак, на духовном уровне безбрачие может прийти двумя способами: как харизма (суверенный Божий дар) или как решение человеческой воли. В каждом из этих случаев производимые им результаты связаны с внутренним сложным механизмом человеческой личности.

Разнообразные формы мотивации и выражения, составляющие личность, могут быть сравнимы с реками, вытекающими из одного озера. Если на одной из рек сооружена плотина, то через другие реки будет течь больше воды. Одна из главных рек человеческой личности — нормальное выражение сексуальных потребностей в браке. Если в половой жизни поставлена плотина, тогда больший объем духовной, интеллектуальной и эмоциональной энергии может быть высвобожден в другие формы выражения, такие как ходатайство, учеба, творчество или служение.

Все это удачно суммировано Селвином Хьюзом в анализе места секса в христианском образе жизни: «Подчинение сексуального влечения Богу разрушает его тиранию и силу. Алексис Кэррел говорит, что люди, которые выполняют наибольшую работу в мире — люди с сильным сексуальным влечением, подчинившие секс целям своей жизни. В браке сексуальное влечение должно быть направлено на воспроизведение потомства и на доставление удовольствия друг другу. Вне брака сексуальное влечение должно обуздываться и направляться для созидания в Царстве Божьем. Помните: люди с сильным сексуальным влечением могут сильно служить».

Существует ли особый класс христиан, которым нужно оставаться безбрачными всегда? Является ли это характерной чертой, например, призванных на пасторское служение? — Новый Завет не указывает на это. Как уже говорилось, среди апостолов этот особый дар имели не все, а только Павел и Варнава. (Можно даже поставить под сомнение, следует ли включать Варнаву.)

При перечислении требований для блюстителя (что традиционно переводится как «епископ») Павел говорит в 1-м Тимофею 3:2,4:

*Но епископ должен быть непорочен, одной жены муж... Хорошо управляющий домом своим, детей содержащий в послушании со всякою честностью...*

То есть Павел далек от того, чтобы требовать безбрачия от служителей, но предполагает, что блюститель (как и дьякон) должен быть женатым человеком с семьей.

Мой опыт и наблюдения на протяжении многих лет убедили меня, что это мудрое и практичное требование. Служа одиноким женщинам и женатым парам, пастор часто нуждается во взгляде со стороны, который может дать ему жена со своей альтернативной точки зрения. Он также нуждается в защите со стороны жены в ситуациях, в которых в противном случае он мог бы быть подвержен сексуальному искушению. Для служителя неправильно проводить много времени с женщинами, увещевая или молясь с ними. Многие нежелательные и связывающие взаимоотношения развились из таких ситуаций.

Несомненно, это некоторые из причин, по которым иудаизм требует, чтобы раввин был женатым. В этом отношении иудейская позиция ближе к Библии, чем традиционное христианское учение, требовавшее безбрачия священников.

Безбрачие, несомненно, занимает особое место в Божьем обеспечении для Его служителей. Оно может прийти как суверенное харизматическое даяние от Бога или как решение, принимаемое молитвенно самим христианином. Однако оно не является стандартным требованием для всех Божьих служителей определенной категории.

Итак, в отношении брака и безбрачия каждому человеку, призванному к какой-либо форме служения, необходимо открыть Божью волю для своей жизни.

# ИСТОРИЯ РУФИ

## 12. ВСТРЕЧАЕМСЯ В «ЦАРЕ ДАВИДЕ»

Мои руки дрожали. Мое сердце громко стучало, когда я стояла возле моего почтового ящика в Иерусалиме. «Встречаемся в гостинице «Царь Давид» в девять часов 2 сентября. Принс».

Я вздохнула с облегчением и перечитала телеграмму. Дерек Принс действительно приезжал в Иерусалим на Йом-Киппур (День Искупления — самый святой день в иудейском году) и хотел встретиться со мной. Я поспешила назад в свою комнату в близлежащем общежитии и упала на колени возле узкой кровати, на которой лежала открытая Библия рядом с телеграммой. «Господь, значит ли это то, что я думаю?» — молилась я. «Успокой мое сердцебиение. Помоги мне услышать Твой голос и получить Твое водительство».

Когда я находилась в ожидании перед Ним, начал приходить мир — спокойная уверенность, что Бог направил меня в соответствии с планом, который Он приготовил для меня.

Но беспокоили и другие вопросы: как может Дерек Принс, которого я считала великим мужем Божьим, приблизиться ко мне, разведенной женщине? Что если я просто выдумывала, и это не Господь? Кто говорил мне на протяжении последних месяцев? Что если я была обманута? Что, если я позволила

появиться надежде, высвободила свои эмоции, и все
только для того, чтобы опять быть раненой? Могла
ли я доверять ему? И вообще какому-либо мужчине?

Я так живо вспомнила ту ночь 1965 года. Я ворочалась в постели, всхлипывая. Мои надежды и мечты о «счастливой жизни» отныне погибли на моих глазах. Мое сердце разрывалось, мои чувства были в смятении. В ту ночь я хотела надеяться, что смогу построить новую жизнь и найти удовлетворение. И все же, во мне поднимался страх — страх, что я никогда не буду любима или не смогу вновь любить, и что вся оставшаяся жизнь будет проведена в одиночестве. Или, хуже того, в еще одном разрушенном браке.

Я была той, кого Писание называет *«женой, оставленной и скорбящей духом... женой юности, которая была отвержена»* (Исайя 54:6).

В 21 год я вышла замуж за иудея. Я обратилась в его религию, отвернувшись от своего наследия и своей культуры. Я полностью отдалась взаимоотношениям, которые, как я ожидала, будут длиться всю жизнь. Я верила, что наша любовь выдержит все испытания. Затем, через тринадцать лет, все закончилось. Я ему больше не нравилась. Он больше не хотел меня. Он нашел другую женщину, наш брак рухнул.

Наконец, мои всхлипывания утихли и я заснула. И с рассветом пришло понимание, что каким-то образом решение было принято во время сна. Я буду идти сама. Никогда вновь я не позволю себе стать уязвимой для эмоций и действий другого человека. Я буду сохранять поверхностные взаимоотношения. Я не позволю никому приблизиться достаточно близко, чтобы ранить меня опять таким образом. Это было в 1965 году.

Теперь 1977 год, и я должна была решить, осмелюсь ли я вступить в еще одни интимные отношения.

Так как я женщина, то должна была ждать, чтобы мужчина сделал первый шаг до того, как я могла узнать, возможно ли это вообще. Эта телеграмма, казалось, была верным знаком, что Дерек делал этот шаг. Я могла избежать риска. Мне не нужно было отвечать. Единственный адрес, который был у него, был мой абонентский ящик. Если бы я не встретилась с ним в «Царе Давиде», на этом все закончилось бы. Но угодно ли это Богу? Могла ли я не слушаться внутреннего голоса, который сказал: «Вот почему Я привел тебя жить в Иерусалим. Вот, для чего Я готовил тебя всю твою жизнь».

Я спокойно ждала, пока не пришел совершенный мир. Я знала, что могу доверять моему Богу, Который явил Себя мне через Иисуса Мессию. Поэтому я сказала: «Господь, да свершится воля Твоя в этом деле. Я не знаю, что ждет меня впереди, но Ты знаешь, а я доверяю Тебе».

Я не всегда подходила к решениям таким образом. Я родилась в большой семье во время Великой депрессии, унаследовала ясный ум и сильное тело, поэтому рано научилась решать все сама за себя, брать на себя инициативу, полагаться на свои возможности. Много раз я терпела неудачу, не оправдывая свои ожидания. Моя реакция была всегда одинаковой: соберись, больше учись, больше работай, в следующий раз сделай лучше. Иногда меня просто захватывали эмоциональные битвы, которые я не могла успокоить силой воли или дисциплинированием. Но мне не случалось призывать на помощь Иисуса.

Лютеранской церкви в Мичигане, где я выросла, почему-то не удалось вложить в меня понятие о личных отношениях с Богом. Там было много деятельности — воскресная школа, церковные ужины, занятия по подготовке к конфирмации, молодежные группы. Но я никогда не понимала воскресения, и часто была в смятении, потому что казалось, что Иисус и Мартин Лютер занимали приблизительно равное положение. Гораздо позже я узнала, что мой младший брат в детстве принял Иисуса в этой церкви, вероятно, я просто не поняла то, о чем там учили. В любом случае, я оставила ее, как только смогла, заключив что религии нечего было мне предложить.

Несколько лет спустя, служа сержантом в морской пехоте США, я познакомилась и вышла замуж за еврея. Удивительно, но когда я училась, чтобы обратиться в его религию, я нашла Бога, Которого я не знала в лютеранской церкви, — не личным образом, но с уверенностью, что существует Бог, Который заботится о Вселенной и Который по Своим причинам держит руку на еврейском народе. Это было в начале 50-х, сразу после геноцида, и я пыталась постичь уникальное призвание еврейского народа, который, казалось, был любим Богом, но в то же время страдал больше других народов.

Раввин спросил у меня: «Вы точно уверены, что хотите идти до конца в этом обращении? Евреем быть нелегко. Никто не понимает нас. Вы можете закончить газовой камерой. Вы уже замужем за вашим мужем. Никто не будет иметь ничего против вас, если вы не завершите ваше обращение. Будьте точно уверены!»

Я взяла имя Руфь, «дочь Авраама», и стала консервативной иудейкой, соблюдающей закон. Я выучила наизусть еврейские молитвы на субботу и еврейские праздники. Я научилась готовить для особых трапез, и готовить дом для разных праздников. В этих ритуалах присутствовала безопасность и мера мира, и даже нечто большее было во взаимоотношениях тесно переплетенной еврейской общины.

Мы взяли в семью четырех еврейских детей, так как я не могла рожать. Одна из дочерей лежит на еврейском кладбище в Портленде, штат Орегон.

Я нашла ее одним утром мертвой в ее кровати — смерть во сне. Каким-то образом моя новая вера провела меня тогда через шок и печаль.

За тринадцать лет брака мы много раз переезжали, и всегда в связи с продолжением карьеры моего мужа. Нашим якорем была либо местная синагога, либо другие еврейские семьи в городах, слишком маленьких для того, чтобы в них была синагога. Мы были типичной еврейской семьей, преуспевающей, активной в политике и в жизни общины, занятой общественной деятельностью. Я стремилась дать детям еврейское образование. Я часто возила их за много миль на занятия и пыталась оградить их от влияния преобладающего христианского общества.

Однажды мой муж вернулся из деловой поездки. Он разобрал чемодан и положил бумаги из кармана на трюмо. Мое внимание привлек счет из мотеля: «Мистер и *миссис* Бейкер». В шоке я взяла его. Ошибки не было. Все начало становиться по своим местам: «деловые» поездки, которые растягивались на выходные, затухающий интерес к детям, постоянные упреки, сравнение меня с каким-то неизвестным стандартом. Мой муж нашел другую женщину!

Когда я отошла от шока, я пошла к надежной подруге, которая была на несколько лет старше меня, за советом. Ее совет был идеальным: «Ничего не говори, сделай прическу, купи новое белье, готовь его любимые блюда, отвоюй его».

Несколько месяцев я притворялась, что ничего не знала, принимала его в дом с распростертыми объятиями, ухаживала за ним. Ему это нравилось, но отношения с другой продолжались. К этому времени я узнала, кто она. Перспектива перевода в другой город обнадеживала меня, пока он невзначай не упомянул, что она тоже переезжает. Затем он сказал мне, как сильно ее полюбили дети. Это было уже слишком для меня: когда он брал детей с собой без меня, она там присутствовала! Я пошла к юристу.

Последующие три года были агонией. Вся наша жизнь развалилась. Я учла его просьбу не разводиться с ним по причине любодеяния ради его карьеры и согласилась на законный разъезд с последующим обычным разводом. Мы разделили имущество, и я с детьми переехала в более старый и маленький дом, который, однако, находился в хорошем месте. Я продолжила обучение, чтобы получить сертификат об образовании.

Мы расстались по-дружески, и я не могла предположить, что когда он переведется за пределы штата (и юрисдикции суда), он прекратит платить алименты и пособие для поддержки детей.

Тогда мне казалось, что я потеряла все, кроме детей. У меня не было ни мужа, ни денег, ни надежды, и теперь мне нужно еще было вступать в юридическую битву. Итак, я собралась с силами, подала заявление о кредите на образование, подавила гордость и начала подрабатывать, продавая косметику по домам. Моей целью были деньги, которые я могла бы зарабатывать, получив образование.

Мои дети страдали еще больше. Лишенные отца, они имели мать, которая всегда была слишком уставшая или слишком занятая. Много ночей я смотрела на них, лежащих в своих кроватях, и внутренне кричала: «Боже, почему? Почему?» Они были такими хорошими детьми! Мы взяли их к себе с такой надеждой! Но я не могла быть им и матерью, и отцом. Я даже не могла быть хорошей матерью, которой я хотела бы быть. И так я существовала день за днем, делая все, что могла при данных обстоятельствах.

Затем пришло настоящее несчастье. Я заболела. Развод в это время стал законным, алименты стали опять приходить, я была почти готова получить сертификат об образовании. Я думала, что могу немного расслабиться, и вот тебе! За хирургическим вмешательством последовало растяжение лодыжки, затем ужасный грипп. Моя ситуация казалась безвыходной.

Однажды я лежала в постели и возопила к Богу Авраама, Исаака и Иакова: «Бог, где Ты? Ты не заботишься обо мне? Я не могу заботиться о себе и моих детях. Я не могу больше. Помоги мне!»

Вдруг вся атмосфера в комнате стала наэлектризованной. Там было Присутствие, мощное, утешающее, мирное. Иисус исцелил меня. Как еврейка, я даже не верила в Иисуса, но как бы там ни было, Он исцелил меня!

Затем Присутствие ушло. Моя комната опять стала обычной. Пораженная, я лежала несколько минут, а затем встала, чтобы проверить свои силы. Когда дети вернулись из школы, я уже на кухне пекла печенье.

Было чудесно опять быть здоровой. Я вновь погрузилась во все свои дела и вскоре была занята, как обычно, восемнадцать часов в сутки. Я не хотела ни на минуту останавливаться, чтобы не задумываться; значение знамения откровения Иисуса было больше, чем я могла принять. Я рассматривала себя как Руфь, полностью посвященную Богу Израиля и народу Израиля. Теперь я уверовала в Иисуса. Что мне было делать? Мое переживание было самым необычным из тех, о которых мне приходилось слышать. Я думала, что я была первой еврейкой, уверовавшей в Иисуса, как Мессию. Я не имела никакого представления, что у евреев по всему миру происходили личные встречи с воскресшим Мессией.

Все, что я знала, — это то, что Иисус исцелил меня, и что я верила в Него. Но я не могла говорить об этом. Мои еврейские друзья были бы оскорблены, если бы я упомянула имя Иисуса в таком свете. Я отказалась от чтения Нового Завета, который мне дала новая подруга-христианка, знавшая мою историю. Я боялась стремиться к большему пониманию из-за своей верности иудаизму и еврейскому народу.

Два года я бегала от Бога, не выражая никакой благодарности Тому, Кто исцелил меня. Я ожесточила свое сердце и отказалась думать о духовном. Я отдавала всю энергию, чтобы растить детей, развивать карьеру, заниматься делами общины и социальной жизнью.

Все было хорошо до 1970 года. Затем мое здоровье опять ухудшилось. Мне назначили операцию на желчном пузыре. Боль была ужасной, и я боялась. Я помнила продолжительную болезнь два года тому назад и облегчение, когда Иисус исцелил меня, чтобы я могла возобновить продуктивную жизнь. Я не могла теперь ожидать второго чуда. Я не оказала Иисусу столько уважения, сколько оказала своему врачу, и не попыталась узнать, что Он учил о том, как жить в здоровье. Как мало я знала о милости и сострадании Господа!

За день до операции я прочитала книгу: «Лицом к лицу с чудом» Дона Бэшема, которую мне дала моя христианская подруга. И впервые я ясно увидела нужду в Спасителе, в Том, Кто не просто исцелит меня, чтобы я могла продолжать идти своим путем, но Кто очистит мой грех и даст мне новую, направляемую Богом жизнь. Особенно я увидела нужду в Святом Духе, чтобы жить такой жизнью, потому что к тому времени я уже знала, что не смогу одолеть какое бы то ни было препятствие, только благодаря силе воли и усердной работе. Мое измученное болью тело говорило мне, что мне нужно сделать радикальную перемену в образе жизни.

Там, в больничной палате, я склонила голову и закрыла глаза. Иисус сказал:

*...приходящего ко Мне не изгоню вон...*
*(Иоанна 6:37)*

Просто, смиренно, я пришла к Нему и сказала: «Прости, что я согрешила против Тебя, идя своим путем. Войди в мое сердце».

И Он сделал это. Это было незамысловато, неэмоционально, как будто мы договорились с Иисусом и пожали руки в знак согласия.

Затем я сказала Иисусу: «Если крещение в Святом Духе от Тебя, и Ты хочешь, чтобы я его пережила, я тоже хочу его».

Мой вновь обретенный Учитель овладел моими устами и странные слоги начали слетать с моего языка. Шепотом, чтобы меня не услышали, я начала говорить на новом языке, который я никогда не учила, языке, данном мне с небес. Это было подобно бурлящему потоку. Еще долго я лежала в ночи, шепча слоги, которые поднимались и выходили из меня. Казалось, они текли через меня, как ручей течет через камни: каждый звук, каждый слог делал меня чище.

На следующий день мне сделали операцию. Через три недели я вернулась на работу. Исцеление было быстрым и мое выздоровление удивило меня. Между тем я начала читать Библию с таким голодом, который я никогда не испытывала к чему-либо. После лишенного эмоций начала, я влюбилась в Иисуса. Ничто, кроме Его Слова и молитвы на новом языке, не давало мне удовлетворения.

Теперь у меня появилась другая проблема. Я боролась с напряженностью, возникшей между требованиями моей работы в муниципальной организации и новой, с каждым днем увеличивающейся любовью.

Однажды ночью, четыре месяца спустя, Иисус повел меня на шаг дальше. Он просто показал, что мне нужно полностью отдать себя Ему. Это была борьба. Моя воля была развитой и сильной. Наконец, я признала, что моя жизнь не была чрезвычайно успешной. Да, я закончила колледж с отличием, воспитывая трех детей и работая. Да, мои перспективы в карьере были прекрасными. Но мое здоровье за два года дважды меня подвело. И я обнаружила, что мне становится все труднее справляться с моим сыном-подростком. Я нуждалась во внутреннем мире, который я нашла в Иисусе. Казалось, выбора не было.

И хотя мой ум продолжал говорить: «А что, если..? А что, если..?», своей волей я сдалась. В своей спальне 21 февраля 1971 года я сказала Господу: «Мне сорок лет. Я слаба. Я устала, мой брак развалился, у меня есть дети, у которых есть проблемы. Я не знаю, что Ты можешь сделать со мной. Но как бы Ты ни хотел меня использовать, я отдаю себя Тебе». И Он принял меня!

Через две ночи, когда я начала молиться, Бог ответил мне. Я почти упала с кровати от неожиданности. Никто не говорил мне, что Бог сегодня говорит с людьми. И опять я подумала, что я была первой, с кем это произошло. Это было грандиозно. Я недоумевала, почему я была избрана для этого. Двадцать минут я задавала вопросы о своей жизни, и Он отвечал мне. Он, в свою очередь, требовал определенных изменений в моей жизни. Он сказал мне, что Он ждет послушания, и указывал, что Он будет направлять меня, пока я буду верно повиноваться тому, что мне открыто.

Разговор продолжался до тех пор, пока я не задала вопрос о каком-то другом человеке. Он не исправил меня. Он просто не ответил. Я быстро выучила этот урок: Не суйся в дела других!

Новая жизнь, которая началась на следующий день, удивила меня. Сомнения и страхи исчезли. Я смогла произвести все изменения, о которых просил меня Бог, в абсолютной уверенности, что Бог будет за меня. За мои годы одиночества я стала очень независимой. Теперь, за одну ночь, я по-новому научилась полагаться на Святого Духа. Я знала, что не могу слушаться Господа, если не буду слышать Его голос; святое благоволение и страх заставляли меня искать Его, чтобы не потерпеть неудачу, из-за недостатка внимания. Только позже я поняла, что получила дар Святого Духа, дар веры.

На протяжении последующих нескольких месяцев каждый день был увлекательным. Я училась слышать Божий голос и ходить в послушании. Он учил меня гибкости и послушанию в ответ на водительство Святого Духа. Он дал мне Свою любовь, текущую через меня к другим.

Моя новая работа администратора по кадрам штата Мэриленд требовала много разъездов, и мой автомобиль стал передвижным святилищем. До сих пор первое, что возникает у меня, когда я сажусь в машину, это желание петь. Господь дал мне голос, чтобы славить Его, и наполнил мое сердце песнями. Я пела в Духе и пела умом. Я молилась в Духе и молилась умом.

Мои отношения с Иисусом были более реальными, чем мои земные отношения. Я искала Его каждый день, и Он никогда не заставлял Себя ждать. Радость общения с Ним настолько превосходила любые земные эмоции, что я не могу даже описать это. Думаю, можно было бы сказать, что это было время ухаживаний моего небесного Жениха, предвкушение настоящего медового месяца, который начнется брачной трапезой на небесах.

По мере того, как взаимоотношения углублялись и я училась узнавать Его голос лучше, немедленно реагируя на Его водительство, Иисус повел меня к молитве ходатайства. Я начинала говорить Ему очень естественно о людях и ситуациях, которые заботили меня, и Он показывал мне, как молиться. Сначала я была поражена ясными ответами на молитвы, затем я поняла, что Иисусу нравится отвечать на молитвы тех, кто принимает Его условия.

Когда я утешалась Господом, по выражению Давида в Псалме 36:4, Он все больше наполнял меня Собой. Он также отвечал на мои нужды через людей. Он давал мне в друзья незамужних женщин, с которыми я могла молиться; молодых мужчин в качестве друзей, чтобы дать мне мужскую точку зрения без участия эмоций и компромисса; пастора с сердцем настоящего пастыря; помазанных учителей (одним из которых был Дерек Принс) через кассеты, книги и конференции. Моя жизнь была до краев наполнена всем этим.

Затем, в 1974 году, во время моего первого визита в Иерусалим, Бог призвал меня в Израиль. Бремя об Израиле пришло во время прочтения Библии, когда я дошла до Исайи и Иеремии. Я поняла смысл рождения государства Израиль и начала молиться каждый день о том, чтобы Бог восстановил Иерусалим и сделал его славою на земле (Ис.62:6-7). Война на Йом-Киппур в 1973 году разбила мое сердце. Я хотела делать больше, чем просто молиться. Я хотела помогать.

И все же я была не готова, когда Бог ясно сказал мне оставить все и переехать в Израиль. Помня ночь в 1971 году, когда я отдала себя Ему, я знала, что Бог будет направлять меня только до тех пор, пока я буду послушна тому, что понимаю. Я думала, что знаю Его голос. И все же риск присутствовал. Это было так далеко от всего, что я намеревалась делать. И снова мой ум спрашивал: «А что, если..? А что, если..?»

Но Бог ничего больше не сказал. Это было решение, которое должна была принять я. Наконец я ответила: «Да, Господь, если Ты хочешь этого, этого хочу и я». Я вернулась домой, попросила совета моего пастора для подтверждения, затем приготовилась слушаться.

Это было самое большое испытание моей веры до

настоящего момента. Приготовления шли не совсем гладко. Мой бывший муж, который вновь женился и имел новую семью, знал о моей вере в Мессию. Он препятствовал как только можно, когда я попросила его согласия на то, чтобы взять нашу младшую дочь Эрику со мной в Израиль. Когда дата отъезда была изменена, враг был рядом, чтобы прошептать: «Подлинно ли сказал Бог..?» Мне приходилось различать между естественными проблемами, противлением сатаны и Божьим испытанием моей решимости.

Я научилась познавать Иисуса в новых измерениях. Я раздала свое имущество, ушла с работы, выехала из своего дома. Так как отъезд откладывался шесть месяцев, я исследовала Писание с особым усердием. Ответ пришел во многих стихах: доверься Мне!

Когда испытание дало желаемые результаты, Бог привел нас в Иерусалим. Это было славное возвращение. Он не только привел нас с Эрикой в землю патриархов, но и доказал Свою верность. Мне было 44, и я была сильной, здоровой, исполненной радостью. Иисус столько сделал для меня за эти четыре года! И теперь Он привел меня в Свой город, город Великого Царя! Чего еще я могла желать! Я действительно наслаждалась в Нем.

Два с половиной года спустя я лежала в постели дома в Иерусалиме, куда израильские доктора поместили меня отдыхать после того, как я сломала диск в позвоночнике и не могла исцелиться. Мой позвоночник, искривленный с детства, больше не мог держать мое тело. Проходили месяцы, но облегчения от постоянной боли я не получала. Я оставляла постель только на один-два часа в день, и не было никаких признаков улучшения.

Однажды днем, во время вынужденного безделья, я перелистывала свою тетрадь бесед с Господом. Мне на глаза попалась запись от 4 ноября 1976 года, где я размышляла, как могу лучше угождать и служить Господу, в конце я вновь посвятила себя Ему. На развороте листа был заполнен «договор», где перечислялось то, что Он сделал для меня через Кровь Иисуса и как далеко Он увел меня с того дня в 1971 году, когда я впервые посвятила себя Ему. Со своей стороны я заявляла, что полностью отдала себя Ему, и оставила место на странице, чтобы Он предложил Свои условия, и поставила внизу свою подпись.

И теперь я лежала в постели. Это было «условие», которого я не ожидала. Я думала, что после того, как Он спас меня, Он будет сохранять мое здоровье ради Своего служения. Теперь я была беспомощной и постоянно испытывала боль.

Но была в этом и положительная сторона: мое общение с Ним было славным. С раннего утра до позднего вечера я пребывала в присутствии Иисуса. Я могла держать Библию, лежа только на спине, чтобы успеть прочитать короткие отрывки. Я заиграла кассеты с записью Писания в те месяцы. Исцеление, которого я жаждала, не приходило, но внутренний разговор с Ним и чудесное Его присутствие были непреходящими.

Однажды в мою дверь постучал Дерек Принс. Он был в Иерусалиме, услышал обо мне и пришел, чтобы помолиться об исцелении моей спины. Я была очень взволнована. И хотя я чувствовала себя в безопасности и любви Иисуса многие годы, было трудно поверить, что Он пошлет человека такого уровня к моей двери помолиться обо мне.

К счастью, я не смутилась в присутствии Дерека. Двадцать лет я активно участвовала в американской политике, и в моем кругу общения были сенаторы, конгрессмены и губернаторы. Я очень уважала людей власти, как и большинство представителей моего поколения, но в то же время могла расслабиться и вести себя с ними естественно.

Я пригласила его и молодого человека, который был с ним, войти. Мы поговорили, сначала о моей травме, затем о Иерусалиме. Я смотрела на Дерека с настоящим участием и состраданием. Он выглядел гораздо старше своих 62-х лет. Его рука, сломанная при падении, была в гипсе. Его жена умерла два года тому назад, и я могла видеть на его лице печать печали и одиночества. Трудно было поверить, что это был тот сильный, энергичный человек, который так мощно проповедовал несколько лет тому назад.

Он предложил помолиться обо мне. Я знала, что у него было особое служение «выравнивания ног», потому что побывала на его большом служении в 1971 году. В то время Дерек еще не во всей полноте овладел данным Ему даром веры, объяснил, что я должна «оставаться подключенной» к Божьей чудотворной силе, постоянно благодаря Бога за то, что Он коснулся меня.

Когда Дерек взял мои ноги в свои руки, он сказал: «Они абсолютно равны по длине. Кто-нибудь молился о вас таким образом?»

«Да, — ответила я, — вы, в 1971 году».

Он засмеялся: «Дело было сделано хорошо!»

Затем, к моему удивлению, он начал пророчествовать. Это слово было словом воодушевления от Бога, в котором говорилось, что я Его насаждение, и что ничто не поколеблет меня. Меня удивило это, потому что Бог дал мне лично почти те же слова менее, чем за неделю до этого, и я записала их в моей тетради.

У двери Дерек повернулся и сказал: «Оставайтесь подключенной! Непрестанно благодарите Бога». Затем он добавил: «Молитесь обо мне. На следующей неделе я еду проводить собрания в Мюнхене, в Западной Германии. Там нелегко проповедовать». После этого он вышел.

Я вернулась в постель и лежала там, благодаря Бога. Я была все еще взволнована из-за того, что Бог послал его ко мне. Мне нравилась доброта Дерека и его чувствительность к Святому Духу. Но больше всего мне нравилось знамение от Господа, что Он слышит мои молитвы и желает исцелить меня.

Сразу не произошло ничего радикального. Когда боль становилась острой, я кричала: «Благодарю Тебя, Иисус, что Твоя чудодейственная сила действует в моем теле». Мои силы оставались минимальными. Я делала упражнения, назначенные терапевтом. Иногда я плавала в бассейне, где мою слабую спину поддерживала вода.

Моя дочь, которой было 17 лет, собиралась вернуться в США для учебы в колледже, но она не хотела оставлять меня в таком состоянии. Наконец я согласилась сопровождать ее в Соединенные Штаты и заказала билет так, чтобы вернуться в Иерусалим за день до Рош-Хашана — еврейского Нового года. Авиакомпания пообещала предоставить инвалидную коляску в обоих пунктах прибытия и милостиво выделила мне четыре сидения, чтобы я могла лежать всю дорогу.

За неделю до отъезда я получила сюрприз - письмо Дерека Принса, написанное от руки, в котором он упоминал одну группу в Канзас-Сити, очень интересовавшуюся Израилем. Он пригласил меня посетить их, если я когда-либо буду в Штатах. «Какой добрый человек, — подумала я, — он увидел мою нужду в отдыхе и восстановлении сил». Мне и не приходило в голову, что у него на уме есть что-то еще. Я никогда не рассматривала его, как потенциального мужа. Если бы я рассматривала его так, я отреагировала бы по-другому.

У меня не было никакого желания выходить замуж. Мои взаимоотношения с Иисусом полностью удовлетворяли меня. Я жила для того, чтобы угождать Ему. Во время этих месяцев бездействия я обнаружила, что ходатайство было наиболее эффективным служением, которое я могла дать Ему. Каждый день я отдавала Ему себя для молитвы — молитвы о ком-либо или о любой ситуации, которую Он ложил мне на сердце. На многие мои молитвы, особенно об Израиле, я лично видела ответы (на остальные молитвы ответы приходят и сейчас).

Я написала письмо Дереку Принсу, в котором я поблагодарила его и дала номер телефона, по которому он мог найти меня в Мэриленде, и наметила приезд в Канзас-Сити на 20 августа, на двадцать дней. Как только я приехала в Мэриленд, он позвонил мне! Я была поражена. Он поинтересовался моим здоровьем и сказал мне, что встретится со мной в Канзас-Сити. Через несколько дней он опять позвонил. Его голос звучал так доброжелательно, так тепло. Я знала его как человека за кафедрой, обладавшего огромной властью. Его человечность удивила меня.

Между тем я начала укрепляться. Мои друзья взяли меня в кемпинг и поместили в свой трейлер, чтобы я могла побыть одна несколько дней, полежать на солнце, поплавать и, что самое главное, искать Бога в отношении моего будущего. Я возвращалась в Израиль без дочери. Мои финансовые ресурсы были ограничены. Я нуждалась в ясности относительно Божьей воли.

Оставила это место я с уверенностью, что должна была перед Богом продолжать жизнь в качестве ходатая, и что Он уже приготовил для меня обеспечение. Я не знаю, каким образом, но я была в покое.

Когда мои друзья отвозили меня назад к себе домой, они сказали мне, что Дерек Принс звонил опять. Чего же он хотел? С приготовлениями к поездке все было абсолютно ясно. Может быть, они отменяли приглашение?

Когда я перезвонила ему, он просто спросил меня о моем здоровье. Я ответила ему, что отдыхала и плавала. «Вы хорошо плаваете?» — спросил он. Я ответила утвердительно, но про себя подумала: «Уместно ли учителю Библии задавать такой вопрос женщине?»

Затем он сказал: «Я позвонил вам, чтобы сообщить, что мой самолет прилетает в Канзас-Сити на пять минут позже вашего. Я пробуду там только два дня. Я должен отправиться в Южную Африку 23-го августа».

Когда я спустилась вниз после этого разговора, моя подруга вопросительно посмотрела на меня: «Что он сказал?»

«Это странно — ответила я, — кажется, он просто хотел познакомиться ближе. Он даже спросил, хорошо ли я плаваю?»

Она посмотрела на меня: «Ты думаешь, за этим что-то стоит?» Я опустила глаза: «Я боюсь даже думать об этом».

Несколько раз за последующие дни я приносила это к Господу. Я не понимала, почему Дерек Принс желал приблизиться ко мне. Он упомянул, что искал Божью волю по поводу того, пришло ли время ему возвращаться в Иерусалим. Я думала, не хотел ли Бог, чтобы я использовала для него там мои секретарские навыки.

Но я была не в состоянии работать. Я не могла предложить что-либо кому-либо. У меня была только возможность молиться, и я отдала себя Господу для этих целей.

Я прочитала книгу Дерека «Влияние на историю через пост и молитву» и прослушала несколько его проповедей о ходатайственной молитве. Возможно, Бог указывал, что мы могли бы молиться вместе. Но я не видела, как это может произойти. Было так много неясного. В конце концов, я оставила это Господу и поехала в Канзас-Сити с открытым сердцем.

Самолет Дерека опаздывал, и его друг посадил

меня и Эрику на заднее сидение машины рядом со своей женой, а сам пошел обратно, чтобы встретить Дерека и его багаж. Когда Дерек шел к нам, он опять выглядел, как сильный, энергичный человек, которого я видела на Библейских конференциях несколько лет тому назад, и казался на десять лет моложе, чем в Иерусалиме, всего за два месяца до того.

Он сел на переднее сидение и когда повернулся поздороваться с нами, окинул меня долгим, испытывающим взглядом. Внешне я была спокойной, но внутренне дрожала. На мои мысленные вопросы Господу я получила только один ответ: «доверься Мне».

Эрика и я были гостями в просторном доме его друзей, и Дерек попросил их положить на пол для меня матрас, чтобы я могла спать там со своей больной спиной. Его практичность и понимание поразили меня. Позже, я немного узнала о том, как он заботился о Лидии в последние годы ее жизни, она была гораздо старше его. Он очень отличался от моего представления о нем.

Я видела его нечасто за эти два дня. Мы ели с хозяйской семьей и только раз поговорили с глазу на глаз, когда я посоветовалась с ним насчет ситуации в Иерусалиме. Он был очень деловитым, хотя и преподнес мне две свои последние книги и подписал их для меня: одну «С молитвами» и другую «С любовью» (про себя я вставила «христианской», чтобы получилось «С христианской любовью»).

Вечером перед отъездом Дерека я сидела справа от него во время обеда. Когда я посмотрела на него, я поняла, что ничего не испытывала к нему. Я очень уважала его как мужа Божьего и помазанного учителя Библии, но мне не хотелось опять встретиться с ним наедине. Я чувствовала, что мне была оказана честь его вниманием, но полагала, что этому пришел конец.

На следующее утро, когда он отправлялся в аэропорт, он повернулся ко мне и спросил: «Вы твердо решили вернуться в Иерусалим?» Я ответила ему, что буду там на Рош-Хашана. Он сказал, что планирует приехать на Йом-Киппур и, возможно, удивит меня. Вот оно!

Оно ли?

На протяжении следующих десяти дней я плавала, прогуливалась и делала упражнения, не прекращая постоянного внутреннего разговора с Господом. За домом протекал маленький ручей с деревянным мостиком над ним. Я выходила из дома по ночам, ходила по мостику в лунном свете и представляла мысли своего сердца перед Господом. Я знала, что должна поступать по стиху из Притч 4:23:

*Больше всего хранимого храни сердце твое; потому что из него источники жизни.*

Я не могла позволить себе высвободить эмоции, будь то в сторону надежды или страха. Теперь мне казалось, что Бог говорит, что Он желает, чтобы я стала женой Дерека, но сам Дерек никак не выразил такой заинтересованности, не считая надписи на своей книге. Слышала я правильно или нет, я должна была решить, что я буду делать, если ответ был положительным. С одной стороны, было чрезвычайно почетно стать женой Дерека, но, с другой стороны, это была большая ответственность. Если в этом заключался Божий план, тогда Он намеревался исцелить меня, сделать меня сильной физически и духовно.

Но мне нужно было заплатить определенную цену. Мой последний ребенок оставлял родительское гнездо. Я могла наслаждаться определенной степенью личной свободы, которой я не знала двадцать пять лет, будучи ответственной перед кем-то или за кого-то. И, что было важнее, у меня не было желания опять выходить замуж. Это было через двадцать лет после того, как мой муж оставил меня, и семь лет после того, как я встретила Иисуса. Моя жизнь с Господом была полной и удовлетворяющей. Но... если Бог желал, чтобы я вышла замуж, могла ли я осмелиться отказать!

Затем последовал поток вопросов: могу ли я рисковать, впуская еще кого-то в мое сердце и мою жизнь? И еще более пугающий: смогу ли я стать хорошей женой? Что, если у меня не получится приспособиться к его путям и привычкам? Что, если после всех этих лет одинокой жизни я не смогу поставить его нужды перед своими? Что, если я не смогу быть гибкой? Я знала, что он много путешествовал. Что, если я не смогу жить в таком ритме? Моя спина была уже сильнее, но меня никак нельзя было назвать здоровой. А что насчет часов моей близости с Господом, которыми я так дорожила? А как брак с разведенной повлияет на репутацию Дерека Принса?

Я не могла получить ясные ответы на все свои вопросы. Казалось, это было еще одно «условие» в контракте: я должна была отложить свою волю в этом деле и довериться Богу, не получив определенного ответа. До отъезда из Канзас-Сити я смогла сказать Господу: «Если Дерек Принс предложит мне выйти за него замуж, — я соглашусь». Я сказала это, не потому что я любила Дерека Принса, а потому что я любила Господа и желала угодить Ему, храня свое сердце.

Каким чудесным для меня было это время в Иерусалиме! Я остановилась в общежитии в комнате, окна которой выходили на Старый город. Моя комната была с балконом, на котором я проводила даже вечера. Мое новое подчинение Господу привело меня к большей близости с Ним. Библия была для меня любовным посланием. Три ночи между Рош-Хашана и Йом-Киппур я провела в бодрствовании на балконе. Странно, но я не нуждалась во сне.

Так как моя спина стала сильнее, я могла предпринимать длинные прогулки по любимому городу. Я непрестанно благодарила Иисуса за Его исцеляющую силу и присутствие.

В тот день, когда я должна была встретиться с Дереком в отеле «Царь Давид», я встала рано с песней на устах: «Мир, мир, чудесный мир сходит свыше от Отца...» Я тщательно оделась и за несколько минут до девяти пошла к «Царю Давиду», находящемуся неподалеку.

Когда я вошла через вращающуюся дверь, Дерек поднялся и подошел поприветствовать меня. Мы пожали руки и направились к обеденному залу. Завтрак в «Царе Давиде» представляет собой роскошный шведский стол, и мы совершили несколько подходов, чтобы попробовать разные вкусные вещи. Дерек рассмеялся, когда увидел, что я беру соленую сельдь, и объяснил, что он терпеть ее не мог и никогда не мог понять любви Лидии к соленой рыбе. Теперь он увидел, что у меня был похожий вкус.

Мы говорили о том, как он провел время в Южной Африке. Затем он засунул руку в карман и вынул маленькую коробочку: «Я привез вам сувенир из Южной Африки».

Я открыла ее. Внутри была прекрасная брошь с тигровым глазом, обрамленным золотом. Это был не маленький сувенир: «Этот мужчина настроен серьезно», — подумала я, внимательно слушая, что он говорит.

Зная, что я часто посещаю синагогу в субботу и на праздники, Дерек спросил, не хотела ли я пойти вечером на служение Кол-Нидре. Мы пошли в Хечал-Шломо, главную синагогу в Иерусалиме, и заказали два билета. Вышедши, мы посмотрели на билеты. На обоих на иврите было написано «Принс». «Похоже, вам придется пойти как миссис Принс», — засмеялся Дерек.

Мое сердце забилось быстрее. «Что последует за этим? — спросила я Господа. — Насколько быстро он будет продвигаться вперед?» Я не получила ответа.

Когда мы пошли вниз по крутому склону, я схватила Дерека за руку, чтобы восстановить равновесие. Он не выпустил ее! И вот мы шли среди бела дня по Иерусалиму под руку! Я высвободила руку сразу же, как только появилась возможность. Я сказала «да» Господу, но я не собиралась позволить сбить себя с толку ни одному мужчине, будь это даже Дерек Принс!

Однако Дерек не подавал виду, что наша встреча заканчивалась. Когда мы дошли до «Царя Давида», он спросил меня официальным тоном, не пожелаю ли я почтить его своим присутствием до конца дня. Я согласилась, и мы нашли свободные стулья в тени возле бассейна.

«Расскажите мне о себе, — попросил он, когда мы уселись, — Кем были ваши родители? Какой была ваша семья? Где вы учились? Я хочу узнать о вас. Не пропустите ничего».

Бог дал мне огромную благодать. По своей природе я честный человек. Я могу смотреть на вещи со своей колокольни, но я никогда не буду искажать или обманывать. Итак, час за часом я рассказывала свою историю. Он задавал вопросы о моем бывшем муже, о моем обращении в иудаизм, о причинах развода. С ним было так легко говорить!

Прошло уже достаточно много времени. Я объяснила, что следую еврейскому обычаю поститься от заката до заката на Йом-Киппур, и Дерек сказал, что хотел бы присоединиться ко мне. И хотя мы не были голодны после большого завтрака, мы решили около двух часов пойти в обеденный зал подкрепиться перед постом.

Когда мы ели, Дерек продолжал засыпать меня вопросами. Наконец, я сказала: «Я больше не могу говорить. Мои силы иссякают». — «Мне было так интересно все, что вы говорили, — извинился он, — я не понимал, как это было трудно. Я поступил с вами нехорошо».

Затем он начал рассказывать о своих трудностях после смерти Лидии. О своих исканиях Божьей воли для оставшейся жизни, о своих размышлениях, стоит ли ему вернуться в Иерусалим, город, который он оставил в 1948 году.

До этого момента наш разговор был дружеским, но немного официальным. Теперь, когда он говорил, барьеры упали, и я поняла, что он делился со мною самыми сокровенными мыслями. И что было еще важнее, он непроизвольно показывал глубину своих личных отношений с Господом. Несмотря на то, что он был успешным христианским лидером с большой духовной властью, он обращался к Господу за силой и водительством таким же личным образом, как и я!

Затем Дерек начал говорить мне, почему он пригласил меня, сначала в Канзас-Сити, а теперь в «Царь Давид». Когда он описывал свою последнюю ночь в Иерусалиме в июне, я положила вилку и уставилась на него. Хотя внешне он был спокоен, его глаза блестели. Он описывал крутой холм, который он видел в видении, и женщину у его основания. «Этой женщиной были вы, — закончил он, глядя на меня, — Я понял: Бог говорил, что если я вернусь в Иерусалим, первым шагом для меня будет брак с вами!» Он сделал паузу, а затем поспешно добавил, что он не требует, чтобы я откликнулась на его откровение, но должна сама искать Господа.

Я не заметила, как быстро забилось мое сердце. Теперь оно успокоилось. Пришел совершенный внутренний мир. Все стало на свои места. На все вопросы, которые докучали мне: почему Дерек Принс интересовался мною? почему из всех женщин на земле он выбрал меня? как он смотрел на разведенную женщину? — теперь был дан ответ.

Он ждал, когда я начну говорить. Я просто сказала: «Теперь я понимаю».

«Что вы имеете в виду?» — воскликнул он.

Я опустила глаза. «Я знала через откровение Божье, что вы сделаете мне предложение, но не могла понять, почему вы выбрали меня. Вы не знали меня и не знали обо мне. Теперь я понимаю: инициатива шла от Бога».

Затем я посмотрела ему в глаза, и в тот момент я полюбила его. Кажется, мы так и не закончили обед. Мы сидели в фойе. Мы ходили по парку и сидели на скамейке, глядя на Старый город. Он показал мне бриллиант, достав его из кармана, который был завернут в белую бумагу. После того, как я сходила в свою комнату в общежитии, чтобы отдохнуть и переодеться, мы выпили по последней чашке чая перед постом. Затем мы пошли в синагогу и расстались на три часа служения: я пошла на женскую галерею, а он — на основной этаж к мужчинам. Он был очень точен, когда мы расставались, определив конкретное место, где мы встретимся снаружи, когда закончится служение Кол-Нидре.

На галерее я успокоила свое сердце. Я плыла по течению целый день. Теперь я могла оценить происшедшее. Я закрыла глаза, когда знакомые еврейские фразы и мелодии потекли через меня. Расслабившись в присутствии Господа, я спокойно еще раз посвятила свою жизнь Ему для Его целей, и теперь добавила: «даже для брака с Дереком Принсом». Йом-Киппур — самый святой день еврейского года. Между Рош-Хашана и Йом-Киппур даже нерелигиозные евреи стремятся примириться с ближними и совершать хорошее, чтобы быть уверенными, что они «записаны в Книгу Жизни на следующий год».

Ничто не сравнится с Йом-Киппуром в Иерусалиме. Все движение на дорогах прекращается, кроме редких машин срочных служб. Прекращаются радио и телетрансляции. Весь город погружается в тишину. Можно услышать, как лают собаки, и плачут младенцы. Транспорт не заглушает этих звуков. Можно ходить даже по середине улицы.

Когда мы возвращались из синагоги, теперь уже под руку, Дерек произнес: «Мне нужно сказать вам еще кое-что». Мы подошли к скамье в парке и сели на нее в лунном свете, глядя на залитые светом стены Старого города.

В этой умиротворенности наступления Йом-Киппур Дерек сказал: «Вы понимаете, что я еще не свободен предложить вам выйти за меня замуж?» Я кивнула головой. Я знала о его отношениях с другими учителями.

«Мы договорились не принимать важных личных решений, не посоветовавшись друг с другом, — сказал он мне. — Я не мог ничего им сказать, пока не знал, как вы ответите. Теперь я должен посоветоваться с ними. Я встречусь с ними в конце октября».

Тогда был сентябрь. Это произойдет больше, чем через месяц! «Я буду молиться», — ответила я.

Затем мы встали и направились к общежитию. Дерек с нежностью посмотрел на меня. «Я верю, что все будет хорошо, — сказал он. — Не бойтесь. Я верю, что Бог ясно показал Свою волю нам обоим. Давайте примем ее верой. Я не могу предложить вам завтра позавтракать, но я предлагаю вам встретиться в девять часов и провести день вместе. Я улетаю послезавтра рано утром».

Это было началом наших взаимоотношений — день торжественной молитвы и поста. В конце дня мы посвятили друг друга и наше будущее Господу и попрощались.

У меня было много друзей в Иерусалиме, но не

было ни одного, с кем я могла бы поделиться тем, что произошло. Как и на протяжении предыдущих семи лет, Иисус был моим единственным доверенным лицом. Я изливала Ему свое сердце и ждала Его совета.

Не было ничего мистического в моих взаимоотношениях с Иисусом, это была приятная беседа с близким другом. За предыдущие годы я научилась ждать Его водительства в повседневной жизни: куда и когда идти за покупками, когда позвонить по телефону, когда приниматься за дела. Послушание в таких делах давало мне уверенность в больших решениях. Теперь, после многих месяцев полуинвалидного состояния, я еще больше зависела от Него. Я искала Его совета во всем.

Я не могла работать, потому что все еще не была способна сидеть или стоять продолжительное время. Но большой банковский перевод из Европы уверил меня, что Мой Небесный Отец следил за тем, чтобы я не нуждалась. Я получила кассеты с учением о духовной войне с собраний Дерека в Южной Африке, которые пролили новый свет на мою задачу. Я молилась.

Когда я ждала, пока Дерек встретится с другими учителями, мы кратко говорили по телефону несколько раз. Затем, в начале ноября, я опять услышала его голос, но он был унылым. Радость и энергичность исчезли. Он сказал, что они ответили «нет» и посчитали, что для него немудро продолжать поддерживать отношения со мной.

Он неловко добавил: «Я уже приобрел билет, чтобы приехать в Иерусалим на пару дней. Я приеду, чтобы лично рассказать вам обо всем и попрощаться». Все.

Я бросилась наземь перед Господом и закричала: «Почему, Господь? Почему Ты делаешь это со мной? Почему Ты дал мне такую любовь и теперь забираешь это от меня? Я была все время с Тобой. Я не искала мужа. Почему Ты привел Дерека в мою жизнь и затем забрал от меня?»

Удивительно, но я почувствовала, как будто Иисус обнял меня и сказал: «Доверься Мне».

Истинная вера всегда находится на границе с неверием. Временами я была совершенно уверена в том, что Божий путь являлся наилучшим, временами я сомневалась в Его любви и просила дать мне новое знамение. 13 ноября Он дал мне то, о чем я молилась и на что надеялась — чудо, которое за одно мгновение завершило мое исцеление. Когда я поклонялась Господу во время большого собрания, Его сила пронизала меня. Мгновенно вся боль оставила мое тело, и в меня влилась Его сила.

Я растворилась в поклонении, в радости Его присутствия. После месяцев постоянной агонии, которая немного облегчалась только медикаментами, быть свободной от боли было подобно свободе от тела! Меня приземлило похлопывание по плечу. Лидеры на сцене увидели меня, мое сияющее лицо и послали узнать, что делает Бог? Не могла ли я подняться на сцену и засвидетельствовать?

Когда я поднималась на сцену, казалось мое тело было легче шелка. Я встала у микрофона и, почти потеряв дар речи, разрыдалась. По всему залу, заполненному незнакомыми мне туристами, я видела дорогих друзей из Иерусалима, которые молились обо мне все эти долгие семь месяцев. Их лица сияли, как будто их осветили прожекторами. Я не помню, что я говорила, и как я описывала происшедшее, но затем я посмотрела на них и сказала: «Спасибо! Спасибо, мои друзья, и спасибо Тебе, Господь Иисус!»

Позже я увидела чудесную мудрость Господа. Вызвав меня вперед засвидетельствовать о чуде, Он заставил меня совершить публичное исповедание. Я верю, что это действительно завершило мое исцеление.

Некоторые люди говорили мне на протяжении этих долгих месяцев: «Востребуй свое исцеление». Но я не могла. Теперь исцеление было моим! Редкая короткая боль не пугала меня, потому что я знала, что это было частью процесса. Позже рентгеновский снимок показал, что Бог сделал больше, чем просто исцелил поломанный диск. Он выпрямил мою искривленную спину. Как будто я получила новую спину!

Через четыре дня я встретилась за завтраком с Дереком в «Царе Давиде». Его лицо было серым, его руки дрожали. Я хотела прикоснуться к нему, утешить его. Я молилась про себя о нем, пока он говорил. Больше ничего я не могла сделать.

Он открыл свой дипломат, вынул и дал мне письмо, подписанное четырьмя учителями. «Вы понимаете, — сказал он, — что я сделал посвящение советоваться с ними в отношении всех важных решений. Это важное решение. Я должен следовать своему посвящению».

Он дал мне расписание своих поездок на следующие несколько месяцев и попросил меня молиться о нем. Затем неожиданно он вынул банку домашнего джема, посланную мне его дочерью Анной. Внутренний голос сказал мне: «У тебя есть друг».

Другим светлым пятном в нашей встрече был мой рассказ о чудесном исцелении моей спины. Дерек был так благодарен Богу. Он видел, что Бог заботился обо мне. После этого говорить было не о чем. Он посадил меня в такси и помахал рукой. Это был конец главы.

Что делать женщине в такой ситуации? Я с головой ушла в дела. Я становилась сильнее с каждым днем, наконец могла сидеть на стуле и вскоре поступила опять в еврейский «ульпан». Шесть дней в неделю я погружалась в изучение языка.

Я ни с кем не могла поделиться тем, что было у меня на сердце. Во время бессонных ночей я рыдала на плече Иисуса, а затем вставала, чтобы улыбаться днем, радуясь своему исцелению. Я знакомилась с новыми друзьями на занятиях и проводила время со старыми. Я старалась много не думать и не рассуждать.

И я молилась. Я проводила часы, ночи молясь, постясь, ходатайствуя не только о Дереке, но и об Израиле и о еврейском народе. Президент Египта Садат прибыл в Иерусалим через день после отъезда Дерека. На каждом углу люди говорили о «долгожданном мире». Это было критическое время. Молитвы об Израиле помогали мне не концентрироваться на себе. Но это было нелегко. Я пообещала повиноваться Господу, когда я буду слышать Его голос. Я открыла свое сердце Дереку, потому что я верила, что это была Божья воля. Иисус разбил твердую скорлупу, которую я соорудила вокруг себя в 1965 году. Только сейчас я осознала, какой ранимой я стала.

У меня было два варианта: я могла опять ожесточить свое сердце и никогда не позволить приблизиться кому-то вновь или я могла довериться Иисусу, чтобы Он исцелил мое разбитое сердце так же, как Он исцелил мою поврежденную спину.

Я сделала свой выбор. Притчи 3:5-6 стали моим исповеданием. Я решила довериться Господу всем своим сердцем. Я пыталась понять, я познавала Его на всех моих путях. Я доверилась Ему, чтобы Он направил мои пути.

Когда я следовала своими молитвами по маршруту Дерека, произошла странная вещь — отчаяние ушло, и пришла надежда: будет еще одна глава. Особенно запомнилась одна неделя, когда Дерек был в Аделаиде, Австралия.

Однажды, когда я была на занятиях, по моему лицу стали течь слезы. Смущенная, я извинилась и вышла. Я привела себя в порядок в туалете и затем села на автобус и поехала домой. И опять слезы, которые невозможно удержать. Рыдая в моей комнате, я стала молиться на языках. Проходили часы, но бремя не становилось легче. Такое не было для меня новым. Я испытывала такие страдания в духе много раз в связи с Израилем и до, и после моей иммиграции. Я редко знала причину во время молитвы, но позже я узнавала о налете террористов, кризисе в правительстве, начале войны. В этот раз я знала, что это было связано с Дереком.

Через три дня я записала в своем дневнике: «Слава Богу, Аделаида закончилась!» Я почувствовала, что что-то изменилось в духовном мире.

В Иерусалим пришла ранняя весна. Я переехала в однокомнатную квартиру в центре города. Затем пришла телеграмма: «Приезжаю в Иерусалим с лютеранами. Встречаемся в «Царе Давиде» за завтраком». Вот эта новая глава.

Когда мы встретились, я сразу же увидела, что Дерек также встречался с Господом. В его голосе была новая легкость, и во всех его манерах была сокрушенность. Мы угощались за шведским столом и беседовали, когда официант принес чай. Затем, как обычно, Дерек резко перешел к делу: «Я много молился об этом в Аделаиде. Я продолжаю верить, что наш брак — это Божья воля. Вам Он что-то показал?»

Я рассказала ему о моих переживаниях на протяжении недели, когда он был в Аделаиде, и о моей неожиданной, необъяснимой надежде. Мы поразились действию Святого Духа. Разделенные огромным расстоянием, мы молились в согласии.

Веря, что Бог со всем разберется, мы использовали это время для того, чтобы лучше познакомиться. Когда мы прогуливались по Иерусалиму, Дерек с энтузиазмом комментировал мою силу и подвижность. Мы познакомились, когда я была полуинвалидом, теперь я была активной и энергичной. Вместе мы посещали духовных лидеров в Иерусалиме, которые были моими личными друзьями. Я знала, что он «проверял» меня, наблюдая, как я относилась к ним, и каково было их отношение ко мне.

Однажды мы встретили пожилую христианку, которая жила в Иерусалиме много лет и была пылкой поклонницей Дерека. Вникнув в ситуацию в мгновение ока, она начала пророчествовать: «Бог наблюдал за тобой. Ты был образцовым мужем для Лидии. Ты заслуживаешь самого лучшего. Он дал тебе Руфь».

Дерек поблагодарил ее, но предупредил, что ничто еще не было устроено. «Мои уста запечатаны!» — сказала она и направилась прочь так же внезапно, как и появилась.

Когда Дерек вернулся в США, где он должен был опять встретиться с другими учителями, я возвратилась к моим занятиям. Но теперь пришла весна, и мое сердце стало легким. Было трудно сконцентрироваться. Затем позвонил Дерек, его голос звучал торжествующе. Другие учителя тоже молились, и Бог дал им новую перспективу. Дерек собирался предпринять поездку по Израилю в апреле. Мы разрабатывали наши планы. Он сказал мне, что еще не был готов переехать в Иерусалим, и попросил меня переехать в США на некоторое время, пока Бог не укажет, что мы должны поселиться там.

Когда я встретила Дерека в аэропорту Бен-Гуриона, это было началом новой фазы в моей жизни. Я была безвестной верующей еврейкой, проживающей в Иерусалиме. Теперь я попала в свет прожекторов харизматического мира, как только мы объявили о нашей помолвке небольшой группе близких людей Дерека. Участники поездки сконцентрировали свое внимание на нас. Они повсюду фотографировали нас. А одна женщина  когда мы стояли в очереди на обед, подошла ко мне и сказала: «Я слышала, что Дерек Принс опять женится? Вы та самая?» Я призналась, что да.

До отъезда Дерека в США мы пошли на возвышенность, откуда можно было видеть Иерусалим. Глядя на город, мы размышляли над всем, что сделал Бог. Затем мы помолились: «Господь, посели нас в Иерусалиме Твоим образом и в Твое время».

Я молилась этой молитвой, испытывая смешанные эмоции. Это была еще одна смерть для меня, отказ от собственной воли. Иерусалим был для меня больше, чем город, в котором я жила. Это был город, в который Бог специально призвал меня, и моя любовь к нему была дана Богом. Но моя любовь к Дереку тоже была дана Богом. Я должна была доверять Богу в том, что Он совместит эти две любви Своим путем и в Свое время. Я четко поняла, что невеста должна оставить свой дом и пойти в дом, который предоставляет ей жених.

Если Иерусалим было трудно оставлять, то уезжать, чтобы быть с Дереком, не было жертвой. Хотя мы были вместе всего несколько дней, и к тому же с большими интервалами, Святой Дух соединял нас все более крепнущими связями. Жертвование нашими взаимоотношениями, когда мы позволили им умереть, приблизило нас обоих к Господу, сделав нас более зависимыми от Него. Благодаря тому, что мы коснулись Господа в нашей сокрушенности, теперь мы могли больше давать друг другу. Мы дорожили каждым мгновением, проведенным вместе.

Первого июня мы отправились из Иерусалима во Флориду. У Дерека было кольцо с южноафриканским бриллиантом для моей руки. Мы называем его «бриллиантом веры», потому что он купил его в вере женщине, которую едва знал.

Наша свадьба во время еврейского праздника Кущей сочетала в себе еврейские и христианские традиции. Чарльз Симпсон провел церемонию, и другие учителя возложили на нас руки и благословили нас. Это было чудесно! Мы вернулись в Иерусалим, чтобы провести там медовый месяц, и через несколько месяцев возвратились туда опять, чтобы изучать иврит в университете. Быть замужем за Дереком и жить в Иерусалиме казалось чудесным сном. Господь начал вести нас в совместном ходатайстве с силой, которая намного превосходила силу наших личных молитв.

Теперь я стала понимать, что вся моя жизнь была подготовкой к роли жены Дерека. Дерек — друг еврейского народа и предан восстановлению государства Израиль. За двадцать пять лет до нашей свадьбы Бог ввел меня в иудаизм. Мое отождествление с еврейским народом и понимание его обычаев и традиций были бесценным приобретением для Дерека.

За годы, проведенные в Иерусалиме, я узнала город, как свой сад, — магазины, парки, тихие, маленькие улочки. Я также многое узнала о культуре Ближнего Востока, который так отличается от Америки и Британии — еврейский образ мышления, обычаи, точки зрения, деловую деятельность. Дерек, возвращаясь после тридцати лет отсутствия, отметил, что Бог обеспечил его хорошим личным гидом!

До того, как я приехала в Иерусалим, я никогда не выезжала за пределы США, хотя и путешествовала много по самой стране. Годы, проведенные мной в этом городе, помогли мне подготовиться к разным ситуациям и культурам, с которыми я встретилась впоследствии в нашем служении в разных странах.

Насколько я вижу, моя главная ответственность заключается в том, чтобы окружить Дерека спокойной и мирной атмосферой, чтобы он мог реализовать все, что Бог вложил в него. Лидия вложила в него себя, все свои духовные знания, мудрость и опыт. Когда она постарела, Дерек заботился о ней. Теперь

я вкладывала себя в него: заботилась о нем, защища-
ла его от ненужных помех, помогала ему, как только
могла, чтоб он был свободен искать Господа и нести
Телу Христову свежее, помазанное, пророческое учение. Это так, будь мы в нашем доме в Иерусалиме, в
офисе нашего служения во Флориде или в разъездах.

И, что наиболее важно, через страдания, болезнь,
сокрушение сердца и жизнь молитвы и ходатайства,
как это ни было трудно для одинокой женщины,
Бог провел меня в глубины зависимости от Святого
Духа, которая объемлет все области моей жизни. Эта
зависимость позволяет мне приводить мои мысли и
саму личность в согласие с мыслями и личностью
Дерека, сохраняя при этом целостность моей
личности. Я думаю, что знаю, что имел в виду Адам,
когда сказал, что Ева была *«кость от костей моих
и плоть от плоти моей»* (Быт.2:23). Я полагаюсь
на Святого Духа, чтобы Он показывал мне, когда
быть рядом с Дереком и когда оставлять его, когда
подчиняться и когда выражать свою точку зрения,
когда советоваться с ним и когда следовать своим
соображениям.

Сверхъестественный дар веры, который Бог дал
мне в начале, дополненный доверием, которое пришло за семь лет хождения с Ним, подготовил меня к
огромной ответственности роли жены Дерека Принса.

*А без веры угодить Богу невозможно...
(Евреям 11:6)*

Когда мы поженились, я стала работать в служении Дерека Принса. Это была скромная работа, которая состояла в изготовлении кассет, издании его книг
и принятии на работу нескольких человек. С этого
времени служение стремительно разрослось. Кажется, что Бог не мог реализовать полностью Свой план
для этого служения, пока не обеспечил Дерека мною
в качестве помощника.

Через три месяца после свадьбы Дерек начал выпускать свою радиопрограмму «Сегодня с Дереком Принсом». К 1985 году она охватила весь земной шар, включая переводы, которые транслируются по всему коммунистическому Китаю на трех основных диалектах. Испанская версия транслируется по всей Южной и Центральной Америке.

Маленький ручеек стал рекой, река стала морем, море стало могучим океаном. Бог соединил Дерека и Лидию под одним ярмом и в одной упряжке, чтобы пахать и сеять. Теперь, в поздние годы жизни Дерека, Бог соединил нас, чтобы исполнить Божий совершенный план для его жизни, и чтобы я участвовала вместе с ним в жатве.

Во время свадебной церемонии Дерек дал мне свою фамилию и поклялся добровольно делить всю честь, власть и имущество, которое Бог даст ему. Я обращаюсь со всем этим с большим почтением, зная, что однажды я отвечу перед Богом за все, что я получила.

*И от всякого, кому дано много, много и потребуется... (Луки 12:48)*

Я полностью уверена, что я угодна Господу в том, как служу Дереку и его служению.

И я с уверенностью отвечаю тем молодым людям, которые страстно желают вступить в брак и сомневаются, что Бог любит их, потому что у них нет супруга, словами из Псалма 36:4:

*Утешайся Господом, и Он исполнит желание сердца твоего.*

# СОВЕТ МОЛОДЫМ

## 13. ВЫБОР СПУТНИКА ЖИЗНИ

Когда молодые люди становятся взрослыми, то обычно они сталкиваются с тремя важными решениями: выбор Спасителя, выбор занятия в жизни и выбор спутника жизни (жены или мужа). Если мы выбираем Иисуса Христа своим Спасителем, то мы должны дать Ему право руководить нами в двух других решениях. Выбор занятия в жизни и спутника жизни тесно связаны друг с другом, потому что муж и жена должны быть соработниками, трудящимися вместе (Быт.2:18-24).

Посвященный Христу человек не имеет права выбирать себе спутником жизни непосвященного Христу:

*Пойдут ли двое вместе, не сговорившись между собой? (Амос 3:3)*

*Не преклоняйтесь под чужое ярмо с неверными. Ибо какое общение (какая общность) праведности с беззаконием? Что общего у света со тьмою? Какое согласие между Христом и Велиаром? Или какое соучастие верного с неверным? Какая совместность храма*

*Божия с идолами? Ибо вы храм Бога живого, как сказал Бог: «вселюсь в них и буду ходить в них; и буду их Богом, и они будут Моим народом. И потому выйдите из среды их и отделитесь, говорит Господь, и не прикасайтесь к нечистому, и Я прииму вас; и буду вам Отцем, и вы будете Моими сынами и дщерями, говорит Господь Вседержитель».* ( *2 Коринфянам 6:14-18* )

Здесь подразумевается, что верный Христу человек не должен вступать в брак («одно ярмо») с тем, кто не отдал свою жизнь Иисусу Христу во спасение.

Вы можете спросить: «Как я могу узнать, что человек, с которым я собираюсь вступить в брак, является посвященным Христу человеком?» Вот несколько качеств, которые следует искать в человеке, с которым вы собираетесь вступить в брак:

1. Рожден ли он или она свыше от Духа Божьего?

2. Влечет ли его или ее к регулярному изучению Библии, знает ли он или она чему Библия учит?

3. Посещает ли он или она христианское общение с другими верующими, где проповедуется Слово Божье?

4. Любит ли он или она говорить о духовных вещах, живет ли он или она вечностью? *«Ибо от избытка сердца говорят уста»* (Матф.12:34).

5. Ведет ли он или она чистую, целомудренную жизнь?

6. Имеет ли он или она действенное желание свидетельствовать другим людям о Господе?

7. Крещен ли он или она в Святом Духе?

Если ответы на несколько из этих вопросов будут «нет», то тогда вы ошиблись в выборе спутника жизни.

Если вы — исполненный Духа верующий и собираетесь вступить в брак с тем, кто не является учеником Иисуса Христа, как вы, — несомненно, последствия будут следующими:

— вы будете иметь много печали и боли в своем сердце;

— вы не сможете служить Господу в той степени, как если бы вы состояли в браке с тем, кого вам уготовил для этого Господь.

Возможно, вы думаете: «Я вступлю в брак с неспасенным человеком и добьюсь, что он станет посвященным Христу». Это абсурд! Настоящий христианин — это человек, повинующийся Христу. Вы решаете не повиноваться Богу (вступив в брак с неверующим) с целью добиться от неверующего повиновения Богу? Вы пытаетесь добиться от человека повиновения Богу, в то время как сами Богу непослушны! Как это может произойти?

Однажды одна молодая девушка подвела к своему пастору своего избранника и сказала: «Я собираюсь выйти замуж за этого молодого человека». Тогда пастор спросил: «Он является христианином?» — «Нет еще, — ответила она, — но я помогу ему им стать после того, как мы поженимся». — «Перед тем, как ты примешь решение, сделай, пожалуйста, вот что, — сказал пастор. Он указал на стол, находившийся в комнате. — Влезь на стол и стой крепко на нем». Девушка так и сделала. «Теперь, — сказал пастор, — дай молодому человеку свою руку и попытайся поднять его, чтобы поставить рядом с собой на столе. — Затем пастор повернулся к молодому человеку и добавил, — А ты попытайся стащить девушку к себе вниз».

В пределах нескольких секунд девушка оказалась на полу рядом с молодым человеком. «То же самое произойдет, когда вы поженитесь, — сказал пастор. — Ты не сможешь поднять его до своего уровня, но он обязательно стащит тебя к себе вниз!» Именно это происходит и когда христианин женится на неверующей.

Всегда легче неспасенному супругу сделать христианина богоотступником, нежели христианину сделать неверующего посвященным Христу.

Наконец, запомните три истины:

1. Учтите, что брак не изменяет характер человека. Что в человеке заложено до свадьбы, то он будет проявлять и после свадьбы.

2. Постарайтесь понять, что брак заключается для совместной жизни. Если вы купили плохую рубашку или плохое платье, то когда они износятся, вы сможете купить себе другие. Но если вы женитесь или выйдете замуж за плохого человека, вы не сможете изменить его, но должны будете прожить с ним всю свою оставшуюся жизнь.

3. Запомните, что когда вы имеете сильные чувства к кому-то или чему-то, то нелегко познать мнение Бога относительно этого. Поэтому, до того, пока ваши чувства не стали еще сильнее, вы должны настойчиво молиться Господу: «Господь Иисус Христос, Ты — мой Спаситель; выбери для меня спутника жизни. Не моя воля, но твоя да будет».

Пусть Бог благословит вас и пусть Он будет руководить вашим выбором, чтобы вы смогли прожить свою жизнь наилучшим образом и благополучно достичь небес в конце!

# СОДЕРЖАНИЕ

# Заочная Библейская Школа

## Служения Дерека Принса

ЦЕЛЬ ЗАОЧНОЙ БИБЛЕЙСКОЙ ШКОЛЫ –
предоставить всем желающим возможность более глубокого и систематического изучения Библии. Программа школы разработана на основаниии обучающих материалов Дерека Принса и рассчитана на 3 года обучения (в дальнейшем будет увеличена до 4 лет).

Учиться в школе может любой желающий, вне зависимости от возраста, образовательного уровня, деноминации или церковного статуса. Зачисление производится на основании анкеты для поступления, которую необходимо заполнить и отослать в офис служения.

### ОБУЧЕНИЕ

**Время поступления в школу и темп обучения учащиеся избирают для себя сами - обучение разбито на условные три года обучения - как наиболее оптимальный темп обучения, но каждый учащийся определяет сроки сдачи материалов сам, в зависимости от своей загруженности, семейных и пр. обстоятельств. Цель школы - помочь получить благословение от здравого Библейского учения, максимально учитывая обстоятельства учащегося.**

Вся школа разделена на три уровня:
- базовый курс (первый семестр),
- общий курс (первый год),
- углубленный курс (второй и третий год обучения).

Условный учебный год распределен на 4 семестра. В начале каждого семестра обучающийся получает комплект материалов: учебный план, учебные материалы, тесты и зачетно-тестовое задание. В течение семестра обучающийся должен пройти учебный план, выполнить зачетно-тестовое задание по полученным материалам и отослать его в региональный офис нашего служения.

Один раз в год студенты приглашаются для участия (по желанию) в обучающем семинаре.

**Для обучения в школе необходимо иметь возможность прослушивания CD-дисков.**

**Дополнительную информацию и анкету на поступление в школу Вы можете получить в региональном офисе служения Дерека Принса.**

**DEREK PRINCE**
MINISTRIES
UKRAINE-CENTER

ДПМ-Украина
а/я 50
Светловодск
Кировоградская обл.
27502

KievStar        +38-097-772-64-82
BeeLine         +38-068-86-59-559
Life            +38-093-027-89-39
МТС (UMC)    +38-066-286-49-26

почтовый ящик в интернете:
*derek.prince@meta.ua*
*vladchazov@ya.ru*

наш сайт в интернете:
**DerekPrinceUkraine.com**

Дерек Принс

# БОГ – АВТОР
# БРАЧНЫХ СОЮЗОВ